现代家庭教育丛书

历代
慈父教子经

赵忠心　编著

广西科学技术出版社

图书在版编目（CIP）数据

历代慈父教子经 / 赵忠心编著. —南宁：广西科学技术出版社，2012.8（2020.6 重印）

（现代家庭教育丛书）

ISBN 978-7-80565-561-1

Ⅰ. ①历… Ⅱ. ①赵… Ⅲ. ①家庭教育—通俗读物 Ⅳ. ① G78-49

中国版本图书馆 CIP 数据核字（2012）第 192566 号

现代家庭教育丛书

历代慈父教子经
LIDAI CIFU JIAOZI JING

赵忠心 编著

责任编辑	何杏华	**封面设计**	叁壹明道
责任校对	黄博威	**责任印制**	韦文印

出 版 人 卢培钊

出版发行 广西科学技术出版社

（南宁市东葛路 66 号　邮政编码 530023）

印　　刷 永清县晔盛亚胶印有限公司

（永清县工业区大良村西部　邮政编码 065600）

开　　本 700mm×950mm　1/16

印　　张 15

字　　数 193 千字

版次印次 2020 年 6 月第 2 版第 6 次

书　　号 ISBN 978-7-80565-561-1

定　　价 29.80 元

前 言

赵忠心

在着手编写这部《历代慈父教子经》之前，广西科学技术出版社已经出版了我的两部书：《中国家教之道》和《历代良母教子经》。这两部书都是研究和介绍中国家庭教育优良传统的。前者是介绍中国从古到今的家庭教育发展概况和一系列有影响的家庭教育专著，属于资料性的理论著作；后者是介绍中国从古到今一些名人在母亲教育下成长发展的情况，属于通俗读物。此类书较为全面地介绍中国家庭教育的发展概况，读后能掌握大量历史资料，不仅对家庭教育的科学研究很有帮助，而且对于指导和改善家庭教育工作也很有参考价值。鉴于此，出版社希望我再编写一部《历代慈父教子经》，介绍历代教子有方的父亲家庭教育的成功经验。于是，我在科研、教学和外出讲学的同时，用了几个月的时间编写出了这部书稿。

从古到今，凡是成才、成名者，无一不是得益于家庭教育。有的主要得益于母亲的培养教育，有的则主要得益于父亲的培养教育。当然，也有的得益于父母的共同的培养教育。

对于母亲在子女成长过程中的作用，我们不能忽视，应当总结母亲教子成才、成名的经验。同时，父亲在子女成长中的作用，我们也要充分看到，也要认真总结父亲教子成才、成名的经验。

自古以来，中国家庭成员自然形成的习惯性的分工是"男耕女织""男治外，女治内"，母亲在家里主持全部家庭事务，自然和子女接触比较多，在子女的抚养教育上承担着重要任务，发挥了不小的作用。但是，不能因此忽视父亲在子女成长过程中的作用。我们必须看到，家庭里的长者，对子女的影响和教育作用的大小，往往与他们在家庭生活中的地位有直接关系。在家庭生活中地位高的长者，影响和教育作用就更大一些，反之，则要小一些。特别是从古到今，在中国的家庭里，"男治外，女治内"的自然形成的习惯性的家庭成员的分工，一直延续下来，一般家庭里，男子离开家庭参加社会实践的机会比妇女要多，而丰富的社会实践，使男子对于社会生活的体验势必就更深刻一些，因此，做父亲的往往对社会发展的趋势和社会发展对下一代的要求看得更清楚、透彻一些。尤其在"男尊女卑"的封建社会，父亲在子女心目中的威望，相应地也更高一些，他们的话对子女来说分量更重一些，他们的行为潜移默化的作用也就更大一些。继出版《历代良母教子经》一书之后，编写这部《历代慈父教子经》，其目的是为了更全面地介绍中国从古到今历朝历代父母教育子女的经验。

为什么要称父亲为"慈父"？这是因为"慈父"是自古至今中国人对父亲的敬称。这里的"慈"字，它的本义并不是"心慈面软"。《新书·道术》中说："亲爱利子谓之慈。"孔颖达说："慈者，爱出于心，恩被于物也。""慈"的本义是爱护、关心别人。"慈父"就是对子女爱护、关心的父亲。要是对我这部书名进行题解的话，那就是：历朝历代爱护、关心子女的父亲是怎样教育他们的子女的。

常言说，父母爱子女，是人之常情。然而，父母对子女的爱护和关心，却是大有学问的。溺爱也是爱，但不是真正的爱，不是正确的爱。那么，怎样爱子女才是真正的、正确的爱呢？《左传·隐公三年》中说："爱子，教之以义方，弗纳于邪。"是说父母爱护子女，应该用高尚的道德去教育他，而不能让他吸收邪恶的东西。宋朝司马光说："夫爱之当教之使成人。"是说父母若是真正地爱自己的孩子，就应该设法把他们培养成人、成才。清朝申涵煜说："爱子不教，犹饥而食之以毒，适所以害之也。"是说疼爱自己的孩子，却不去教育他，就像饿了给他服毒药一样，正是害了他。综上所述，父母真正爱自己的孩子，就要用正确的思想去教育，设法把子女培养成人、成才。

在这部书里，收集了中国从古到今历朝历代 68 位爱子、教子的父亲教育子女的指导思想和具体的做法。虽然这些父亲所处的历史时代和社会地位不同，但他们都有几个共同的特点：

一是，像战国时期赵国大臣左师触龙所说的那样："父母之爱子，则为其计深远。"就是说父母爱孩子，都看得比较长远，不是囿于子女的眼前利益和幸福，而是从子女的长远利益出发，为了子女一生的成长和发展考虑。

二是，他们对子女的爱，都体现了一个"严"字。常言说，严是爱，惯是害，不管不教要变坏。他们的爱，不是娇惯溺爱，而是寓爱于严格要求、严格教育、严格训练之中。正是由于爱才对子女严格，也正是因为严格才真正体现了爱。

三是，他们教育子女都注意运用科学的教育方法。"望子成龙"是古今做父母的共同的心愿。只有良好的愿望，没有科学的教育方法，愿望仍旧只是愿望而已。书中所介绍的这些父亲，在教育子女的实践中都运用了符合教育规律的方法，取得了理想的教育效果，很值得今天的父母们借鉴。

这部书里所介绍的历代慈父教育子女的故事，情节曲折，形象鲜明，亦庄亦谐，寓意深刻，感染力强，有许多故事是第一次披露。阅读此书，不仅可以得到教育子女的成功经验，还可以增长知识，开阔眼界，陶冶情操，加强修养。

在编写此书的过程中，参考、借鉴了一些已出版的著作中的一些资料，在此，向有关作者表示感谢。

编写此书，需查阅古今大量原始资料，由于受资料来源和编写者水平的限制，书中难免有疏漏或不当之处，敬请读者批评指正。

目　录

1

教子学手艺

鲁班，原名公输般，春秋时期鲁国人。因他生在鲁国，"般"与"班"同音，故称之为鲁班。他是我国古代著名的建筑工匠、发明家。曾创造作战攻城用的云梯和磨粉的硙，又相传发明木作工具。过去，木匠都尊称他为"祖师"，非常崇敬他。由于鲁班木工技术高超，谁也超不过他，所以后来人们就把在行家面前炫耀本领的行为，称作是"班门弄斧"。现在，人们又把"班门弄斧"这个成语用作在行家里手面前的自谦语。

传说鲁班有个儿子叫伢子，从小聪明伶俐，父母十分喜爱。儿子长大了，干点什么呢？父母很关心这件事。

伢子15岁时，鲁班问他："伢子，你已经不小了，想干点什么营生呢？"

伢子说："我要去种地。"

父亲说："种地好啊，不种地，就没有饭吃。"于是，他把儿子送到农民家去干农活。

一年过去了，伢子回来，对父亲说："种地太累了，我可不干了。"

父亲问："你想干什么呢？"

儿子说："我要去织布。"

父亲说："织布好啊，没有布就没有衣裳穿。"于是，他把儿子送到一个织匠那里去学艺。

又一年过去了，儿子又回来了，对父亲说："织布忙死人了，也没意思，我不干了。"

父亲问："你想干什么呢？"

儿子很干脆地说："我要当木匠。"

父亲说："当木匠也好，没有木匠就没有房子住。"于是，他又把儿子交给他的大徒弟张班，让他专门教儿子练上三年斧子。

只干了一年，儿子又回来了，对父亲说："木匠活儿我也不想干了。"

"为什么又不想干了呢？"父亲忙问。

儿子说："师傅要求太严了，活儿太苦，这师傅的心也太狠了！"

父亲问："是怎么个严法、苦法、狠法？"

儿子说："这师傅专拣带节子的木头让我砍，要求我砍得平如镜面，光得发亮，上边圆来下边方。师傅一天从早到晚不让我闲着，让我早砍见星，晚砍戴灯，刮风下雨不停工！还让我将斧把儿磨出凹，斧刃磨平牙，手上老茧要开花！你看，这是有多严、多苦、多狠呀！"

父亲听了，笑着说："不严、不苦、不狠，你能学出手艺吗？你既然怕累、怕忙、怕严、怕苦、怕狠，那好吧，从今天起，你就别吃饭了，因为你不爱种地；从今天起，你就别穿衣服了，因为你不愿去织布；从今天起，你就从这屋子里搬出去吧，因为你不想当木匠！"

儿子一听，呆住了，站在那里一声不吭了。

这时，父亲从棚顶上拿出一箱子使用过的斧子，每把斧子把儿都磨出深深的凹，每把斧刃都磨平了牙。父亲严肃地对儿子说："伢子，你看我磨损了一箱子斧子，你连一把斧子都没磨到这个程度，就不想干了吗？"

儿子理屈词穷，无话可说了。

最后，鲁班取出三把新斧子，对儿子说："伢子，要学到手艺，就得刻苦地去练；不下苦功夫，什么也学不成。给你这三把斧子，若三把斧子斧把儿攥不出凹，斧刃磨不到顶，就别来见我！"

儿子只好提着斧子，又回到张班师傅那里去了。这回他可下了狠心，苦学苦练，终于把木匠手艺学成了，也成为一名能工巧匠。

鲁班是一位劳动人民出身的发明家。他的创造发明都是在长期的生

产劳动实践中得到的，因此，他很重视实践，他对儿子的教育也充分体
现了这个思想。他一次又一次地让儿子去选择职业，就是要儿子亲身体
验劳动的艰苦，体验学好什么手艺都是不容易的，从中还充分暴露儿子
怕苦、怕累、怕难的问题。这样，教育起来就更具有针对性，因此，教
育效果也很好。

谦让美德代代传

常言说:"满招损,谦受益。"谦虚谨慎是中华民族的传统美德。因此,自古以来,很多做父母的,都特别重视对子女进行这方面的教育。

春秋时期,晋国有个中军元帅叫范武子。他一生谦虚谨慎,不骄不躁,严于律己,宽以待人,很受人敬重。他对儿子要求也很严格,注重谦让教育。

范武子告老退休以后,儿子范文子接替他出来做官。一天,天色已经很晚了,按往常时间,范文子早该退朝回家了,可他还是迟迟不归。范武子正在寻思:这么晚了,朝中还有什么事……这时,只见范文子兴冲冲地回家来了。父亲忙问:"朝中出了什么意外的事,怎么回家这么晚?"范文子回答说:"没什么大事,是秦国来了一个客人,他出了几个隐晦难解的问题,要我们回答。朝中的大小官员,谁也答不上来,我一口气解答了三个问题,答案全都正确无误。秦国的客人十分满意!"

范武子看儿子说话的那个神情、语气,简直是洋洋得意,不可一世。似乎只有他行,别人全不如他。看儿子那种没有一点谦让的态度,非常生气,严肃地教训他说:"那些官员不见得全不能解答。他们看你是长者,又是上司,是谦让,有意让你先说。你这小子,一点也不知道谦让,竟在朝上三次抢先发言,真是一点礼貌都不懂!你简直狂傲到极点了,真不知羞耻!"父亲越说越气,说着就举起手杖打了他一顿。

范文子受过父亲的教训以后,幡然悔改。不久,他随中军元帅去攻打齐国,打了个大胜仗。当他们凯旋归来的时候,晋国的臣民都上街去夹道欢迎。儿子出征打了大胜仗，做父亲的能不由衷地高兴吗？范武子不顾年迈体衰，拄着拐杖，让家人搀扶着，也来到大街上，迎接儿子。

范武子看到将士们一个个走过来，就是没有自己的儿子。范武子心里顿时紧张起来，莫非我儿……正在他眼巴巴地盼望儿子到来的时候，只见儿子在队伍的最后走了过来。范武子紧走几步，转忧为喜，拉着儿子的手说："儿啊，你知道我也在此焦急地盼望你归来吗？你不是副帅吗？怎么走在最后边呢？"范文子回答说："我是副帅，这次是主帅领兵打了大胜仗，我若走在队伍的前头，恐怕晋国的臣民都会把视线投到我身上，这样，我不就是抢占了主帅的光荣吗？"范武子听了，非常高兴，说："很好，我儿子知道谦让了，这我就放心了。"

在父亲的教导下，范文子不仅自己注意谦让了，同时也还经常教育他自己的儿子范宣子学会谦让。

一次，晋国和楚国打仗。当时，范文子任中军副帅，范宣子年龄不大，也跟随部队前去。一天清晨，楚军搞突然袭击，使晋军得不到用武之地。晋国将士很为难，正紧急磋商对策。这时，范宣子跑来，不顾将士们正在讨论，上来就哇喇哇喇地讲开了："依我看，我们把灶平了，把井也填了，在营中列阵，跟他们硬拚，这样准能打败楚军，害怕什么！"范文子看到儿子这么放肆，气愤极了，大声斥责道："你懂什么，还不给我滚！"把他给轰走了。

事后，范文子对儿子进行了非常严厉的批评，教育他一定要谦虚谨慎。范宣子继承了祖父、父亲谦虚谨慎的好品德，虚心学习，刻苦锻炼，学问和武艺都长进很快。后来，他也到晋国军中任职，开始任中军之佐，到晋平公时，出任大臣。他曾领兵攻灭贵族栾盈的族党，又把过去的"阅兵典礼"宣布的法令，制定为刑书。他死后，晋国把他所制定的刑书铸在铁鼎上公布实施。范宣子为晋国的兴盛立下了功劳。

谦虚谨慎是中华民族的传统美德。范武子教育儿子范文子要谦虚谨慎，范文子又教育自己的儿子范宣子要谦虚谨慎，使这种美德世代相传，这实际上是用形成的良好家风教育下一代。这种做法是我国家庭教育的优良传统，很值得继承发扬。

屈驾为儿择师

唐朝韩愈说过："爱其子，择师而教之。"这是说，父母真正爱自己的孩子，都注意选聘好的老师去教育。

在春秋时期，鲁国有一位大夫叫孟孙，即孟懿子，也称仲孙何忌。他有两个儿子，到了六七岁，还不知道读书学习，于是就给儿子请来一位教师。这位教师不大会教小孩子，只会照本宣科，不会讲解，孩子学起来枯燥无味，一点意思也没有，很厌烦。孟孙就把这位教师给辞了。又请来第二位教师，教得倒是不错，可就是太粗暴，孩子一见他那模样，就吓得打哆嗦，无心学习读书。孟孙又把这位教师辞了。

那么，请谁来教孩子呢？

有人建议请秦巴西来当孩子的老师。孟孙一听，好，他可是位难得的好老师。可又一想，秦巴西是被他撵走的一位侍从，他能请得来吗？想到这里，孟孙犹豫了，后悔当初对秦巴西的粗暴无理……

那是在前几年，一次孟孙带着侍从秦巴西到森林里去打猎。运气还真是不错，一箭未发，就活捉了一只小鹿。孟孙心想：这回可得美餐一顿了。

孟孙先骑马回家，小鹿由秦巴西牵着回家。一路上，小鹿挣扎着，嘿儿嘿儿地号叫着。忽然，一只母鹿跑到了小鹿身边，对着小鹿，也对着秦巴西，一声接一声地哀叫着……被绳子套住脖子的小鹿，挣扎得更厉害，四条脚趴在地上，两眼直愣愣地盯着母鹿，发出可怜的求救声……秦巴西明白了：原来鹿妈妈一直悄悄地跟在后面，她是来救她的孩子的！秦巴西被眼前的情景所感动，他不忍心使母子分离，更不忍心把小鹿给杀掉、吃掉。他好像一点儿也没有犹豫，松开绳套就把小鹿给放了。只见那小鹿在母鹿的带领下，高高兴兴地向森林深处跑去。

当秦巴西回到孟孙的家时，只见孟孙已经邀来好几位朋友，准备以小鹿肉为下酒菜肴。秦巴西不知该怎样跟孟孙说。在孟孙的追问下，秦巴西才说出了实情。孟孙一听大怒，看他是多年跟随他的老侍从，才免去一顿痛打，但孟孙一气之下，还是把秦巴西给轰走了。

孟孙后悔至极。可想来想去，要是秦巴西做孩子的老师，那是再合适不过的了。他心地善良，忠厚老实，人品好。他对小鹿都是那样的爱怜，对孩子肯定更加疼爱。把孩子交给他进行教育，将是多么放心啊！

经过再三思忖，孟孙决定再去请秦巴西回来。他亲自到秦巴西的家里，诚心诚意地向秦巴西赔礼道歉，检讨自己的粗暴无礼。秦巴西被孟孙的诚意所感动，表示不记前怨，高高兴兴地答应当他儿子的老师。

孟孙为教育儿子成才，屈驾择师，这种精神很值得学习。

圣人教子学诗礼

孔子（公元前 551 年～公元前 479 年），名丘，字仲尼，鲁国陬邑（今山东曲阜东南）人，春秋末期的思想家、政治家、教育家，儒家的创始者。

孔子一生中大部分时间从事教育工作，相传先后有 3000 弟子，其中著名的有 70 多人。在教育实践中，孔子总结了许多教育工作经验，有不少经验都流传至今。

那么，这位大教育家是怎样教育他的儿子的呢？

孔子 20 岁那年，得了一个儿子，取名孔鲤。在孔子的弟子中，有一个叫陈亢的，他曾疑心孔子对自己的儿子有特殊的教育内容，有一天，他问孔子的儿子孔鲤："你听到过夫子对你有什么特殊的教导吗？"

孔鲤说："没有哇。有一次，父亲一个人在庭院里站着，我走过他身边的时候，父亲问我：'学《诗》没有？'我说：'没有。'父亲说：'不学《诗》，无以言。'后来，我就开始学《诗》。

"又有一次，我走过庭院前，又遇到父亲一个人站在那里。父亲问我：'你学《礼》没有？'我说：'还没有。'父亲说：'不学《礼》，无以立。'于是，我开始学《礼》。我听到过的就是这两方面的教诲，没有听到过其他的内容。"

陈亢听孔鲤这么一说，解除了思想上的怀疑，他兴奋地对其他同学说："我只向孔鲤提出了一个问题，却得到了三个收获：一是知道了要学《诗》，二是知道了要学《礼》，三是知道孔夫子对自己儿子的态度是'远其子也'，并没有对儿子进行特殊的、比我们更多的教育。"

《诗》和《礼》是孔子教育学生的基本内容。《史记》上说："孔子以《诗》《书》《礼》《乐》教弟子。"《论语·泰伯篇》中说："兴于《诗》，立于《礼》，成于《乐》。"是说诗篇可振奋，礼能使人在社会上站得住脚，音乐使我的所学得以完成。可见，孔子对儿子进行的教育和对学生的教育没有什么不同，完全一致。

这里所说的《诗》，即《诗经》。传说《诗经》是孔子从亲自收集的3000多首诗中，筛选编纂而成的，共305篇。孔子认为《诗经》是一部思想性非常好的著作。他说："《诗》三百，一言以蔽之，曰：'思无邪。'"（《论语·为政》）他又认为学习《诗经》有许多好处。他指出：

"小子莫何学夫《诗》?《诗》可以兴,可以观,可以群,可以怨。迩之事父,远之事君,多识于鸟兽草木之名。"(《论语·阳货篇》)是说弟子们为什么不研究诗呢? 读诗可以培养想像力,可以提高观察力,可以锻炼合群性,可以用来批评,还可以得到许多自然知识,因此,对于处理家庭内部关系和国家事务都很有用处。

孔子所说的《礼》,实际上指的是社会上的道德规范。他要求儿子学礼,是要儿子掌握道德规范。他指出,用《礼》来调节自己的行为,就不至于离经叛道。如果不学《礼》,有许多害处:"恭而无礼则劳,慎而无礼则葸,勇而无礼则乱,直而无礼则绞。"(《论语·泰伯篇》)就是说,只知恭敬而不知礼就会徒劳,只知谨慎而不知礼就会拘谨,只知勇敢而不知礼就会乱了章法,只知直爽而不知礼就会伤人面子。

孔子教育儿子学《诗》《礼》,和他对弟子的要求一样,并没有因为是他的儿子就放松要求,而是同学生一样的严格要求、严格教育。说明孔子对儿子的成长是很关心的,对儿子的期望也是相当高的。

陈亢说,孔子对儿子的态度是"远其子也"。所谓"远其子",按宋朝司马光的解释是:"远者非疏之谓也,谓其进见有时,接遇有礼,不朝夕嘻嘻亵狎也。"(《温公家范》)这是说,"远其子"的"远"字并不是疏远的意思,而是说孔子在和儿子的接触中讲究分寸、尺度,有章法,不是过分亲昵,没有界限,丧失原则。因为家长和孩子无原则地过分亲昵,会使孩子变得放肆。这样做,同样体现了一个"严"字。

曾子杀猪为教子

曾子（公元前505年～公元前436年），名参（shēn），字子舆，孔子的学生，春秋末期鲁国南武城（今山东费县）人。

他注重个人修养，严于律己。《论语·学而》中记载了他修养的方法和原则，"吾日三省吾身：为人谋而不忠乎？与朋友交而不信乎？传不习乎？"

曾子非常孝敬父母。在孔子众多的学生中，他是以孝著称的。孔子称赞他"能通孝道，故授之业。作《孝经》"。是封建社会《二十四孝》一书中所列二十四位极尽孝道的大孝子之一。

曾子还特别注意使自己成为一个称职的父亲。他不仅严格要求孩子，要孩子忠诚老实，不说谎话，而且首先要求自己以身作则，给孩子做出好榜样。他认为，父母的一言一行，一举一动，都会对孩子有深刻的影响，因此，他特别强调父母在孩子面前，一定要言行举止谨慎，要说到做到，千万不能言行不一。

《韩非子·外储说左上》中曾记载曾子杀猪教子的动人故事，一直为世人所传诵。

有一天，曾子的妻子忙完家务，梳洗停当，要到街上去。在一旁玩耍的小儿子，看到母亲要上街，就赶忙跑上去，扯着母亲的衣襟，又哭又闹，非要母亲带他上街去玩。曾子的妻子怕带他去添麻烦，不想带他，可孩子是没完没了地纠缠，于是就哄他说："好乖乖，听母亲话，在家里玩，等我回来把咱家那头大肥猪杀了给你炖肉吃，好吗？"

　　小儿子一听要吃肉，止住了哭声，眨了眨眼睛，认真地问道："是真的吗？"

　　母亲只好又点了点头。小儿子天真的脸上露出了笑容，蹦着跳着，又到一边玩去了。这情景全都被站在旁边的曾子看见了。曾子知道，妻子这完全是为了哄孩子，并不想真的把大肥猪给杀了。当时他想阻拦，可已经来不及了，怎么办……

　　曾子的妻子从街上回到家里，一看大吃一惊：只见曾子正用粗绳子捆绑家里的那头肥猪，身旁还放着一把雪亮的屠刀。怎么？他真的要杀猪！妻子紧走几步，急忙上前阻拦说："你这是疯啦！我刚才是叫儿子纠缠得没办法，才那样说，那明明是说着玩，哄他的，你怎么就当真起来啦！"

　　曾子继续捆猪。捆好后，喘了口气，严肃而认真地对妻子说："我知道，你是说着玩的，并不打算真的杀猪。可你知道吗，小孩子还不大懂

事，只会学着父母的样子去做。今天，你说了话不算数，答应了的事不去做，哄骗了孩子，就是在教孩子也去讲假话，去欺骗人。做母亲的欺骗了儿子，儿子觉得母亲的话不可信，以后即使再教育他，他也就难以相信你的话了。你这样做，怎么会把孩子教育好呢?"

妻子听了，觉得丈夫的话句句在理。她佩服丈夫这种真诚对待孩子、说话算数、言行一致、精心培养孩子诚实品德的高尚行为。她终于明白了：做父母的，是孩子模仿的榜样，应当给孩子做出好样子，我要接受这次教训，以后说话做事要特别谨慎。

妻子不再阻止丈夫杀猪了。他们终究挽回了差一点给孩子心灵上造成的不良影响。付出的代价不小，但值得。

谕告太子敬儒生

　　在中国历史上，最早鼓吹"读书无用论"的人是汉高祖刘邦。他曾经坦率地承认自己年轻时"自喜谓读书无益"。可以说，刘邦是中国"读书无用论"的鼻祖。

　　到晚年，刘邦对于读书的态度却发生了根本的变化，谆谆教导儿子要尊重知识分子，刻苦读书。那么，他的态度是怎样转变的呢？

　　这事还要从头说起。刘邦（公元前 256 年或公元前 247 年～公元前 195 年），字季，沛县（今属江苏）人，年轻时曾担任泗水亭长。当时正处秦朝末年，秦始皇大举"焚书坑儒"，下令烧毁《秦记》以外的列国史记，又将 460 多名方士、儒生活埋在咸阳。史书被焚和知识分子的遭遇，给年轻的刘邦以极大的刺激，由此他得出一个结论：认为读书没有什么好处。所以，他从来不识字读书，就是喜欢喝酒。

　　后来，刘邦参加农民起义，举兵打天下，对儒生——即知识分子，是很看不起的。他当了农民起义军的领袖以后，有些有正义感的读书人去拜见他，他连理都不理。有一次，儒生郦食（yì）其（jī）拜见刘邦，拜见时刘邦正在一个宾馆里，坐在床边让两个女子给他洗脚。郦食其进门以后，刘邦动都不动一下，照样洗他的脚。此时的郦食其已是 60 多岁的老人了，比刘邦年龄大多了，可刘邦很不礼貌，都没站起来迎接。郦食其见刘邦如此傲慢，只是作了一个揖，并不跪拜。他对刘邦说："你是想帮助秦王朝进攻诸侯呢？还是想率领诸侯打败秦王朝呢？"郦食其明明是在用这话来表示对刘邦的无礼态度的不满。很明显，也是明知故问，以刺激刘邦。刘邦一听，张口就骂道："腐儒！天下的人被秦王朝的暴政折磨很长时间了，所以诸侯才一起攻打秦王朝，你怎么说我要帮助秦王朝打诸侯呢？真是岂有此理。"郦食其说："既然想聚集众人联合义军讨伐暴虐无道的秦王朝，你就不应该这样傲慢无礼地接见来投奔的长者。"这时候，刘邦才停止洗脚，站起来，整理好衣服，恭恭敬敬地请郦食其坐在上座，并向郦食其道歉。

刘邦对读书人很不尊重，有时还进行人身侮辱。比如，他曾经把读书人头上戴的儒生帽摘下来当夜壶用。

刘邦夺天下以后，那种瞧不起知识分子的情绪，虽然稍稍扭转了一些，但也还时常流露出来。有一次，他的一位重要谋臣陆贾，谈起《诗》《书》等儒家经典，刘邦一听，就很反感，当即就说："我刘邦夺天下，靠的不是什么《诗》《书》《礼》《乐》那一套，是靠驰骋在战场的战马上得来的！"

陆贾跟随刘邦多年，深知他的坦率、直爽的性格，于是也立刻反问道："陛下，恕我直言，你是在马上夺得天下的，难道你还能在马上治理天下？"

刘邦细一思忖，觉得陆贾的话虽很尖锐，但还真有道理，说："言之有理，言之有理！"于是，他请陆贾把古往今来立国的得失成败，相继写成十二篇文章，他认真进行了钻研，深感读书做学问对治理天下很有意义。刘邦对知识分子、对知识的态度有了很大的转变。

有一次，汉高祖刘邦在洛阳南宫设下酒宴，召集众大臣分析他得天下的原因和项羽失天下的原因。有人说，陛下把夺得的土地分给老百姓，和天下人共享利益，民心所向，这是你成功的根本原因。刘邦说："你们说的也有道理，这是其中一个原因。可你们还是只知其一，不知其二。还有一个特别重要的原因，是我重用了有学问、有本领的杰出人才。在军帐中谋划战略，能决定胜利于千里之外，这一点我比不上精通兵书的张良；镇定国家，安抚人民，供给军饷，粮道不断，这一点我比不了胸有谋略的萧何；联合百万众兵，攻必取，战必胜，在这一点上我比不了多谋善断的韩信。我能任用这些有作为的读书人，这才是我能夺取天下的直接原因。而项羽之所以败在我的手下，是因为他身边只有一个读书人范增，并且还未能任用。"群臣听了，都心悦诚服。

刘邦对读书做学问有了新的认识以后，认真地回顾了自己由于年轻时不好好读书，做了许多错事的教训，希望儿子们不要走他的老路。在晚年，刘邦亲自写了遗训《手敕太子文》，他谆谆告诫儿子刘盈，要好好读书学习，要掌握真正的本领，上奏章述事，要亲自动手书写，不能让别人代笔，见到萧何、曹参、张良、陈平诸位大臣，要特别尊重他们，他们都是很有学问的人。

刘邦从一个读书无益论者到教育儿子尊重读书人、刻苦读书，这一对知识的态度的根本变化，完全是由于他所参加的社会实践促成的。这一历史事实，充分印证了实践出真知的道理。刘邦在晚年告诫儿子尊重读书人，要刻苦读书。这还告诉我们一个教育子女的道理，即家长用什么思想教育子女，往往和家长对社会生活的体验有直接关系。

苦心教儿著《史记》

　　提起我国古代的史书，人们首先会想到《史记》。《史记》原名《太史公书》，是我国第一部纪传体通史。从《史记》的文学价值讲，它也是一部不朽的文学名著。《史记》共一百三十篇，分为十二"本纪"，十"表"，八"书"，三十"世家"，七十"列传"。记事的年代从传说的黄帝开始，下至汉武帝，共三千年左右，有五十多万字。它的作者，就是西汉的伟大历史学家司马迁。

　　严格说来，《史记》是司马迁和他的父亲司马谈两代人心血的结晶。

　　司马谈是汉朝的太史令，是专门负责记载史实的官员。他博览群书，看到祖国的历史除了四百多年以前孔子编过《春秋》以外，还几乎是一个空白。战国时期，各国本来都有自己的历史记录，但秦始皇焚书坑儒，把《秦记》以外的各国史书都烧了，留下的《秦记》，又被项羽进咸阳时一把火烧掉了。要重新整理出一部历史书，是一件十分艰巨的事。司马谈觉得，要做好这件事，不是他一代人可以胜任的。于是，就下决心培养儿子司马迁。

　　在司马迁 10 岁的时候，父亲就叫他学习古文，接触历史上留下来的各种史学资料。后来，还让司马迁拜当时有名的学者孔安国、董仲舒为师，专门学习古代历史和经典文献，以奠定他撰写史书的基础。

　　在秦始皇焚书坑儒之后的历史条件下，只是靠查阅现存的史料是不成的。所以，司马谈就鼓励年轻的司马迁到全国各地走一走，看一看各地的地理和风土人情，瞻仰历史遗迹，到民间搜寻书本上没有记载的遗闻轶事。

在当时，外出游历是一个大胆的举动。按照儒家的规矩，"父母在，不远游。"离开父母、家庭到远方去旅行，是不孝的行为。古代的交通又很不便利，孤身外出，四处游历，困难、危险是很多的。

司马迁当时才 20 岁，他从长安出发，出武关，经南阳，到江陵，然后渡江南下，到汨罗江边，凭吊爱国诗人屈原。后来，又来到九嶷山，瞻仰了舜的葬地。再到庐山，考察大禹治水的遗迹。他到会稽，访禹穴，了解越王勾践卧薪尝胆的故事。到姑苏，拜访了伍子胥的神祠。过长江，到淮阴，收集韩信的故事和传说。到曲阜，了解孔子的生平。游历了汉高祖刘邦的家乡沛县和陈胜、吴广起义的大泽乡。这一大圈，司马迁用

了几年的时间，行程数万里，大开眼界，收集了大量极为宝贵的历史资料。

司马谈在临死之前，和司马迁作了一次长谈，把满腔的情怀向儿子倾诉。他说："我们家的祖先原是在周朝做太史的，后来家道衰落了。我虽然当了太史，也搜集了许多资料，想在有生之年做一部史书，但看来难以实现这个愿望。难道我们家传的事业就断绝在我的手里吗？我死了以后，如果你能再当太史，不要忘记我的愿望。"说着，流出了眼泪。

听了父亲临终前的一席肺腑之言，司马迁也激动得流出眼泪，他发誓说："请父亲放心！就是有再大的磨难，我也要实现你的愿望，完成你的嘱托。"

父辈的临终遗言，给他以极为深刻的印象。三年以后，司马迁果然担行了太史令。他利用国家的藏书，开始撰写《史记》。可是，后来司马迁得罪了皇帝，受了极为严酷的宫刑（割掉男人的生殖器）。他受到这样大的侮辱，真想一死了之。但想到父亲的遗愿，想到自己费尽千辛万苦搜集来的资料，他又觉得自己不能死，还是要忍辱负重，为国家做出自己的贡献。

司马迁终于用毕生的精力，写成了《史记》这部历史巨著。

古人说："读万卷书，行万里路。"做到前一条，比较容易，但做到后一条，就不那么容易了。司马谈教育儿子完全实践了这两条，终于使儿子成就了大业。

重金难买"杀人权"

汉武帝刘彻（公元前 140 年～公元前 87 年在位）是中国历史上影响比较大的一个皇帝。他注意维护法律的尊严，即使是自己的亲属犯了法，也不宽宥。

汉武帝有一个姐姐，叫隆虑公主。隆虑公主有个独生儿子，叫昭平君。昭平君娶了汉武帝的女儿夷安公主为妻。这样，对汉武帝来说，昭平君既是外甥，又是女婿，是亲上加亲。这个隆虑公主对儿子百般溺爱，使昭平君不知天高地厚，经常倚势欺人，到处闯祸。昭平君在外边惹事生非的事，隆虑公主虽时有耳闻，只因对儿子过分娇惯，也从来不予理会。

一次，隆虑公主病重，开始考虑起儿子日后的生活来。她想：金银钱财倒是存下不少，足够他挥霍的了；可儿子那样强横无理，使她最担心的是怕儿子闯大祸触犯国法，遭来杀身之祸。到那时自己已不在人世，就没办法替他求情了。幸好，当时的法律有这么一条规定：犯法的人可以用黄金或铜钱赎罪。犯死罪的人只要花赎罪钱五十斤黄金或者五十万钱，就可以免去死刑，从轻处理。隆虑公主心想：为什么不可以在我死以前花点钱，预赎儿子可能犯的死罪呢？主意拿定，隆虑公主拿出黄金千斤，铜钱千万，交给弟弟刘彻。对于这种少见的、事先赎罪的做法，汉武帝当时并没有在意。他以为，这只不过是自己这个姐姐想炫耀自己的财富，借以抬高昭平君的身价而已。他并没有认真考虑过：这实际上是花钱购买随意杀人的权力啊！

对于这件事表示极力反对的，是隆虑公主的主傅（辅导公主的官员）。这位老主傅平素对隆虑公主骄纵自己的儿子，很有意见，但经他多次提醒，也无济于事。这次公主花重金为儿子购买"杀人权"，老主傅便出来竭力反对。他警告说，公主身为皇帝的近亲，绝不可恣意妄为，贻患于身后。但隆虑公主把这些金玉良言当成耳旁风。而这位老主傅的激烈反对，却给他自己招来了杀身之祸。

过了不久，隆虑公主病死了。享有"杀人权"的昭平君就更加无所顾忌了。他成天带领一群无赖饮酒作乐，寻衅闹事。隆虑公主的那位老主傅稍加规劝，就招来一顿大骂。昭平君对那个老头子算是恨透了。一次昭平君喝醉了酒，又骂起老主傅来。老主傅忍无可忍，据理争辩了几句，昭平君恼羞成怒，当场拔出剑来，一剑把他砍死了。

按照当时的法律，杀人也是要偿命的。但凶手既然是昭平君，事情就不那么简单了。因为他是公主的儿子，又曾花钱预赎死罪，所以不能轻易判决，需要经过"上请"。所谓"上请"，就是皇室宗族犯罪，预先请示皇帝批准，然后才能论罪。当时的廷尉按照规定"上请"，把昭平君犯罪的情况报告给汉武帝，并建议处以死刑。

这一下朝廷里可热闹起来了。汉武帝左右的大臣为讨好汉武帝，纷纷替昭平君求情。汉武帝沉默了许久，叹息着说："可怜我姐姐这一辈子就这么一个儿子，她临死时把这孩子的生死托付给我了。"说着，流下了眼泪。见到这般情景，阿谀逢迎之徒更是挖空心思为昭平君开脱，纷纷建议免除他的死罪，为汉武帝救下他的外甥搭个台阶。

汉武帝没有被臣下们的劝谏所动摇，果断地说："不，赦免他是万万不行的。法令是先帝制定的，仅仅为了自己的姐姐，就毁了先帝的法律，我将来还有什么脸面去见列祖列宗？又怎样对得起天下的老百姓！"说完，他毅然批准了廷尉提出的处理意见，依法判处昭平君死刑。

一个叫东方朔的大臣，一直在静观着汉武帝的态度。这时，他走上前去，向汉武帝祝酒，说："我听说贤明的皇帝执掌朝政，该赏的，哪怕是仇敌也要赏；该杀的，自己的亲骨肉也要杀。就像《尚书》上说的：'不偏不党，王道荡荡。'（即公正无私，国家就会兴旺）这是古时候以圣明著称的三皇五帝十分重视的事，可是就连他们也不易做到，而现在陛下做到了。这样，普天下的人就可以各得其所了。这真是老百姓们的福气啊！"

这件事，在社会上产生了巨大影响，此后，全国上下依法办事蔚然成风。

为教子而疏财

疏广，字仲翁，汉朝兰陵（今山东苍山县）人。对《春秋》很有研究，曾被征聘为博士。汉宣帝刘询在位时，疏广任太子刘奭（shì）的太傅，即教导、辅佐太子的老师。疏广的侄子疏受（字公子），同时任太子少傅，协助太傅教导、辅佐太子。太傅、少傅的职责主要有二：一是教育太子成人，二是维护太子的地位。实际上，太傅、少傅是一种官职。太傅为一品官，少傅为二品官。

在太傅、少傅的精心教导下，皇太子刘奭进步很快，12岁时就学通了《论语》《孝经》等儒家著作。汉宣帝看到太子的进步，非常高兴，更加赏识疏广、疏受叔侄的才华。

就在这时候，疏广要激流勇退。他对侄子疏受说："我听说知道满足，就不会遭到困辱；知道适可而止，就不会遭到危险。现在我们已位居二千石，官做成了，名声也有了，这样再不离去，恐怕要后悔的。"疏广的意思，侄子心领神会。

当天，叔侄二人向汉宣帝写了呈文，说年老体衰，想辞官退休回家。皇帝批准他们的请求。疏广教导、辅佐皇太子五年，兢兢业业，成绩卓著。为了表彰、感激他，宣帝赐给他黄金10千克，皇太子又赠送黄金25千克。

疏广德高望重，疏受贤而有才，威望也很高。在他们离开京城时，高级官员、老朋友们设宴东都门外（即长安东部门），依依惜别，为他们饯行。那天，光送行的车就有几百辆，街道两旁还有许多人，人们都纷纷称赞说："真是两位贤人！"送行的人中有的还恋恋不舍地掉下眼泪，那情景非常感人。

35千克黄金，是个不小的数目！人们都猜度着：疏广得到这么多的赏赐，儿孙们可沾光了，这得购买多少房产、土地啊！然而，对于所得到的丰厚的赏赐，疏广却另有安排。他并没有都带回家，把大部分黄金都分送给老朋友、老部下；带回家的一部分，也不打算留给子孙后代。

回到家乡以后，每天设宴，请来远远近近的乡亲和新交旧识的朋友，一起叙友情，拉家常，谈笑风生。这样，一年都快过去了，几乎没有一天断过，他所得的赏金像流水一样地花销了。可疏广一点儿不心疼，也没有停止花销的意思。儿孙们看在眼里，急在心里：怎么，也不说给我们留下点儿钱财，不给我们置办点田产？成天只顾宴请外人，怎么就不顾我们呢？

儿孙们虽有想法，但不敢直接跟疏广去说。于是，儿孙们托请本家的一位长辈去劝说疏广，希望他不要把钱财都折腾光了，要给儿孙们置办产业。

疏广听罢，微微一笑，说：

"我虽然老了，可我还没有糊涂到不念及子孙后代的地步。我早已考虑到，就我们疏家现有的房产、土地，已经足够了。只要儿孙们辛勤劳动，完全可以丰衣足食，达到中等以上的生活水平。如果我用这些赏金再给他们多置办家产，这样表面看是关心他们，可实际上会使他们坐享其成、养尊处优，是在引导他们变得懒惰。

"常言说：'贤而多财，财损其志；愚而多财，则益其过。'有才德的人，要是钱财太多了，就会消磨他的志气；愚钝顽鲁的人，要是钱财太多了，就会更加助长他的过错。我多年在外，没有教育我的子孙们，可我也不打算助长他们的过错而引起人们的怨恨。

"再说，这些钱财是皇帝赐予用来养活我的，我乐于跟我的乡亲邻里、新老朋友共同享受这种恩赐，来度过我的晚年，这不是也很好嘛！"

乡亲邻里、新老朋友以及他的子孙们，听了疏广的肺腑之言，都心悦诚服。宋朝的政治家、史学家司马光高度称赞疏广说："真是有远见卓识！"

诚侄慎交友

马援（公元前14年~公元49年），字文渊，东汉茂陵（今陕西省兴平）人，是我国历史上的一位名将。光武帝时，先后协助光武帝平息割据，立下大功，被封为伏波将军。曾在我国西北部养马，得到专家的指点，发展了相马法，著有《铜马相法》。他平生多豪言壮语，如"大丈夫为志，穷当益坚，老当益壮"，"男儿要死于边野，以马革裹尸还葬"，一直为后世传颂。也著有诗文，代表诗作是《武溪深行》，其散文多为奏疏书表。

马援的哥哥马余，有两个儿子：一个叫马严，一个叫马敦。这两个人都喜欢议论、讽刺、嘲笑别人，又爱同一些轻佻、讲义气的人结交。马援很关心这两个侄儿，对他们的品行真是有点儿放心不下。可他长年在外，东征北战，很少能有机会跟他们促膝相谈，对他们进行教导。于是，出于叔父对侄儿真诚的关切，在征战的途中，给他的两个侄儿写了一封情真意切的家书，针对他们的情况谆谆予以教导。

信中首先指出："你们二人平时总爱背地里议论是非，嘲讽别人的缺点过失，这是很不好的。我希望你们在听到别人的缺点过失时，就像听到父母的名字一样，耳可以听，但嘴不要去说。好背地里议论别人长短，乱加评判别人是非，这是我平生最痛恨的，我宁死也不愿听到我的子孙后代有这种恶习！你们知道，我向来是痛恨这种恶习的，可你们总是改不了，我不得不像父母对即将出嫁的女儿那样反反复复地叮咛你们，目的是要你们永远不要忘记我的教诲。"

　　尔后，又针对侄儿好随便结交朋友这一弱点，马援对他们进行了具体指导。

　　信中提到了当时有名的两个人物，一个叫龙伯高，一个叫杜季良。马援和这两个人也有交往，并且十分了解这两个人的品行。他说，我对这两个人是既友爱，又敬重，他们都是我的好朋友。但对于你们来说，由于你们还年轻，缺少社会经验，我是主张你们要学龙伯高，而不希望你们学杜季良。为什么呢？

　　他说，这两个人都有他们各自的长处。龙伯高为人厚道，做事谨慎，说话句句实在，待人谦虚，生活节俭，为人正直，廉洁公正，很有威望。杜季良呢，为人豪侠仗义，好帮助、同情别人，把别人的困难当作自己的困难，别人高兴的事，他也为之高兴，无论什么样的人，他都能结交。他父亲去世，办丧事的时候，有好几个州郡的人都去吊唁，可见他交游相当广泛。

　　这两个人，我虽然都很敬重，可我还是希望你们学龙伯高。即或是学得不好，学不像，也还可以成为谨慎的人，不会胡说乱道，胡作非为。这就好比是"刻鹄不成尚类鹜"，雕刻天鹅，雕不太像，还可以像只野鸭子，走不了多大的样儿。而学杜季良呢，要是学得不好，学不像，就很容易成为人们都讨厌的轻薄浮躁的人。这就好比是"画虎不成反类狗"，画老虎，画得不像，反而画成一条狗，那就走了大样儿喽！

　　马援在信中虽然称赞了龙伯高和杜季良的长处，但他希望侄儿学龙伯高，而不要学杜季良，这实际上也反映马援对龙、杜二人有不同看法：马援更赏识龙伯高的品行。马援的看法、观点，长期以来被人们称道。实际上龙伯高和杜季良的结局也是大相径庭：龙伯高原为山都（今湖北襄阳西北）长吏，光武帝有一次看到马援写给两个侄儿的信以后，认为龙伯高德高望重，提升他为零陵郡（今湖南零陵）太守，杜季良在光武帝时任越骑司马，由于他"行为浮薄，乱群惑众"，各州郡长官都特别痛恨他，纷纷上书，最后，他终被罢免。

　　马援希望侄儿学龙伯高的品行，这一点是应当肯定的，后人也应当效法。他怕侄儿学杜季良的轻薄品行，也是很有益的提醒。总之，他针对两个侄儿的弱点，又根据青年人好交往，而且还特别容易受朋友的影响的特点，告诫侄儿交友要谨慎，这对他们的成长的确是很有好处的。这一点也值得今人学习。

清白家风遗子孙

　　杨震（？～公元 124 年），字伯起，东汉弘农华阴（今属陕西）人。少年丧父，家境贫寒。但他自幼好学，博览群书，很有学问，当时的读书人都称他是"关西孔子"。杨震 50 岁时才中秀才作官，曾历任荆州刺史、东莱太守、涿郡太守、司徒、太尉等要职。他为官正直、廉洁奉法、不畏权贵。当时汉安帝的乳母王圣及中常侍樊丰等人，依仗权势，贪侈骄横，杨震多次上书进谏，后被樊丰所诬陷罢官，后服毒自杀。

　　杨震在做官以前 20 多年里，一直是在当教书先生。由于他很有学问，教书认真，对学生很和蔼，因此，学生和家长都很敬重他。杨震为了养家糊口，课余时间还要在田里干活，种庄稼、蔬菜。学生们看到老师上了一天课之后，还要干这么重的农活，就悄悄地去帮老师干活。杨震发现后，马上制止，并一再强调说，读书是学生的本分，不要为帮我干活耽误了你们的学习。有的学生，为了表达对老师的感激之情，送去礼物，他都一一婉言谢绝。

　　杨震做官以后，仍旧保持着清廉自守的好作风。他在赴东莱（今属山东）任太守的途中经过昌邑（今山东北部）县，在那里住了一夜。恰好此县令王密，是杨震在荆州任刺史时所举的秀才，与杨震有师生之谊。王密此人心术不正，他看老师升迁，还正好是他的顶头上司，就想攀上这棵大树，以求得杨震的提携。

　　那天夜里，王密趁夜深人静，来到杨震的住房。学生来看老师，自然是值得高兴的事。可王密还没说什么话，就把一个沉甸甸的包裹放在桌子上。杨震正奇怪，只见王密神神秘秘地打开了包裹，原来是 5 千克黄金。杨震一看，勃然大怒，对他说："我很了解你，你却不了解我。你这是要干什么？"王密嬉皮笑脸地对杨震说："老师，您别发火。夜深人静，没有人知道的，您收下吧，这是点儿小意思。"杨震更加气愤，认为这是对他人格的极大侮辱，立刻拍案而起，愤怒地对他说："天知，神知，我知，你知，怎么能说无人知道！"王密讨了个没趣，只得羞愧而去。

杨震虽身居高位，他的家庭生活却很节俭。他的家人经常是粗茶淡饭，衣着朴素；外出办事、走亲访友，全都步行，他不让家人仗着自己的地位摆阔气，抖威风。他对家人要求特别严格，要他们和平民百姓一样居家过日子。他的一些亲朋故友，劝他趁为官之时替子孙置一些家产，他不愿这样做。他有他独到的见解，他说："使后世子孙都成为清白子孙吧。我把清白家风留给子孙，这比什么遗产都丰厚。"

杨震遗清白家风于子孙后代，美名天下传，为历代人所赞颂。杨震的后代，也确实没有辜负杨震的期望，把清白家风继承了下来。

杨震的儿子杨秉，字叔节，曾先后任豫州、荆州、徐州、兖州等四个州的刺史，后来做过太尉。他所到之处，都以清白廉洁著称。他为官刚直不阿，揭发宦官方炽及其属下 50 人贪赃枉法的罪行，使那 50 个不法之徒，或被罢免，或被处死，都得到应有的惩处。天下人对此无不拍手称快，对杨秉也无不肃然起敬。他曾经对人说："我有三不惑：酒，色，财也。"显然，这与父亲杨震的熏陶不无关系。

杨秉的儿子杨赐，字伯献，也是"少传家学，笃志博闻。常退居隐约，教授门徒，不答州郡礼命"。这颇有点杨震年轻时的气质。后来曾做侍中、侍讲华光殿、司徒、太尉、司空，被封为临晋侯。为官期间，能直言极谏，很受时人尊敬。

杨秉的弟弟杨敷，也是"笃志博闻"，时人都说他能世其家。

杨震传给子孙后代的清白家风，熏陶了多少代人，造就了许多有作为的人才。

现场教育儿孙

陈寔（shí）（公元 104 年～公元 187 年），东汉颍川许县（今河南许昌东）人，字仲弓。年轻时在县衙做事，因很有修养，被县令送入太学读书，后任太丘长。东汉时，发生"党锢之祸"，世家大族李膺等二百多名"党人"被捕入狱，陈寔也被株连。当时有许多人逃亡，陈寔不走，有人问他为什么。他说："我不入狱，狱中的同仁在思想上没有依靠。"于是，他主动请求入狱。后来党禁解除，他再也未入仕做官。

陈寔善于抓住时机教育儿孙们的故事，一直被人们传诵着。

那是一个静悄悄的夜晚，白发苍苍的陈寔仍没有睡意，像往常一样，照旧坐在灯下看书。正当他读着、思考着，漫不经心地抬头一看，不禁一愣：房屋的大梁上恍惚间有个黑影！他揉揉眼睛，定神一看，可不是嘛，一个人趴在上面！他心想："这还了得，小偷竟敢藏到我的书房中来了！"他想立刻站起身来，喊来儿孙们捉拿那"梁上君子"。但转念又一想：这年头，民不聊生，百姓日子过得很苦，也许这个人是实在没有办法了，才干起偷窃这一行当的。我为何不抓住这送上门的事实，教育我的儿孙们，也教训教训这个小偷呢？

于是，陈寔镇定了自己的情绪，像是什么事情也没有发生一样，故意伸伸懒腰，站起来，悠然地走出书房。他把儿孙们招呼到书房，大家谁也不明白，这么晚了，叫他们到这里来干什么。陈寔要儿孙们坐在书桌旁，语重心长地说：

"孩子们，品行道德，是做人最要紧的。不管在什么时候，你们都要行得正，走得直，要向品德高尚的人学习，绝不能干见不得人的坏事。要堂堂正正地做人，做受人尊敬的人，可不能让别人指着脊梁骨挖苦。"

儿孙们听了，纷纷点头答应。

说到这，陈寔话锋一转，又说：

"当然，有的人做坏事，并不是有意识的，是不自觉的，是管不住自己才走邪路的。你们看，房梁上的那一位，大约就是我说的这种人……"

儿孙们抬起头，顺着陈寔手指的方向望去，果然看到一个人正惊恐万状地伏在房梁上，把孩子们吓了一跳。就在这时候，那人纵身跳了下来，他仓皇地跪在了陈寔的面前，嘴里不住地哀求道："求大人饶命，饶命……我不是人，不是人……"

儿孙们被眼前的情景惊呆了：这是怎么回事？为什么不把他赶出去或抓起来送官府呢？

陈寔仍旧是那么平心静气，对那人说："人还应该有这样的品质，如果做了错事、坏事，一旦认识到了，就要马上改正，再也不去做了。俗话说'浪子回头金不换。'你以后可别再干这种事了。"听了这推心置腹的教诲，那人连连磕头，表示要痛改前非，重新做人。

陈寔看此人不像是惯偷，就让儿孙取出两匹绢来，送给那人。那人说什么也不收，在陈寔的坚持下，他千恩万谢地收下了，流着眼泪离开了陈家。

儿孙们看到这一切，明白了陈寔的用意，从中悟出了许多做人的道理，受到深刻的教育。

家庭教育是在家庭的日常生活中随时随地进行的。日常生活中，有许多教育子女的机会，家长不要轻易放过。陈寔抓住了这样一个千载难逢的教育机会，既教育了儿孙，又教育了那个小偷。这充分反映了陈寔是教育子女的有心人，有相当强烈的教育意识，有相当高超的教育机智。这个故事，很发人深省。

一代才女的造就

蔡文姬是我国东汉末年的一位杰出的女诗人。名蔡琰，字昭姬（一字文姬），陈留圉（今河南杞县南）人，是东汉著名文学家、书法家蔡邕（yōng）的女儿。

蔡邕（公元132年～公元192年），字伯喈。汉灵帝时任议郎，因上书指责皇上的过失，遭到诬陷而被流放。被罢免后，害怕宦官陷害，亡命江湖十余年。董卓专权后，被任命为左中郎将。董卓被诛灭后，蔡邕被王允逮捕，死于狱中。蔡邕博学多才，精通经史、音律、天文，而且还是文学家、史学家、书法家、画家。他一生虽然坎坷，但他始终没有忘记对女儿进行培养教育。

蔡文姬是蔡邕的独生女儿，受父亲的影响，从小对文学和音乐产生了浓厚的兴趣。蔡邕既善散文，又善辞赋，平生有很多著作，文姬对父亲的诗、文尤其喜爱。她从很小的时候起，每天都要把父亲的著作端放案头，一篇一篇地吟诵精读。几年的功夫，父亲的那些诗文大多数已一字不差地装在她的脑子里了。

为了学到父亲的琴技，她常常附在父亲的身边听他弹琴，然后自己再去苦练。天长日久，她一听就知道父亲弹的是什么曲子，成为父亲的知音；她甚至能辨别出哪个音是哪根琴弦弹出来的。

有一天夜里，蔡邕独自在弹琴，琴声悠扬，优美动听，蔡文姬在隔壁房中听得都入了迷。正在这时，突然"嘣"的一声，一根琴弦断了。只听蔡文姬大声对父亲说："父亲，您刚才断了的是第二根琴弦，对不

对?"父亲听了,大为吃惊,女儿简直都神了!

　　为了验证女儿的辨音能力是不是真的这样强,过了一会儿,蔡邕又故意弄断了一根琴弦。然后,让女儿回答这次断了的是第几根弦,蔡文姬又准确无误地说对了。蔡邕对女儿灵敏的听力暗暗赞佩,但他并不做过多的夸奖,而是更加精心地指导她,培养她。在父亲的精心培育下,蔡文姬博学多才,不仅有很深的文学造诣,而且对音乐也很精通,成为当时很有名的才女。

　　蔡文姬渐渐长大,嫁给了一个叫卫仲道的人。没过多久,卫仲道病死,蔡文姬回到娘家。汉朝末年,天下大乱,蔡文姬被董卓的部将所俘虏,她做了南匈奴首领左贤王的妻子,在北方生活了12年之久,并在那里生育了儿女。

曹操是蔡邕的挚友，他知道蔡邕之女蔡文姬博学多才。在他当了丞相以后，不惜用重金换取远嫁匈奴的才女蔡文姬归汉，请她完成《续汉书》的编写任务。蔡文姬为曹操思慕贤才的精神所感动，毅然离别丈夫、子女，回到自己的祖国。

文姬归汉后，在曹丞相的关怀下，凭着她在父亲身边学到的知识，把父亲未完成的历史名著《续汉书》编写完毕；又凭着她超人的记忆，把父亲在动乱中已遗失殆尽的著作，一一整理、缮写出来。可以说，若没有当年父亲的精心培养，没有蔡文姬从小到大的刻苦勤奋学习，她是不可能有这样的作为的。

同时，蔡文姬还把自己的身世，写成了《悲愤诗》等作品，生动地刻画了汉朝末年社会大动乱的情景，反映了人民在战乱中所遭受的痛苦，表达了她凄恻复杂的心情，具有巨大的社会意义和感人至深的艺术魅力。

蔡文姬为发展中华民族的文化做出了巨大贡献。今天，当人们阅读蔡邕、蔡文姬父女的著作，自然会想起蔡文姬自幼所受到的良好的家庭教育，不禁对造就蔡文姬这样的才女的蔡邕表示由衷的敬佩。

父子俱清廉

胡质是三国时期魏国寿春（今安徽寿县西南）人，字文德。曾任东莞（今属广东省）太守，后任荆州刺史。此人以为官清廉著称。

其子胡威，字伯武，也曾做过刺史。胡威在父亲的教育和影响下，也是为官清正廉洁，深受人们称赞。

胡质、胡威父子，父教子，子效父，父子二人俱清廉的事迹被后人传为美谈。

胡威少年的时候，有一次他骑着小毛驴，远行千里赶到父亲供职的荆州，看望多日不见的父亲。胡质见儿子这么小年纪，孤身一人，翻山越岭，长途跋涉，来到自己身边，又是高兴，又是心疼，就留他在荆州住了十来天。

临别的时候，胡质拿出一匹绢来，让儿子作路费用。胡威双手接过那匹绢，想到了父亲一向廉洁奉公，生活节俭，从不吃贿赂，就随口问了父亲一句："父亲，这绢是哪里来的？"

胡质看到儿子在自己影响下也很懂事了，非常高兴，就笑着答道："这是朝廷给我的俸禄，我省吃俭用，节省下来的。儿子，这不是什么贿赂，你放心好啦。不义之财，父亲是分文不取的。"听父亲这么一说，胡威这才放心地收起白绢，整理好简单的行李，准备动身回家了。

胡质手下的一名官员和胡质是同乡，也准备回家探亲，正好和胡威是同路。那位官员心想："真是天助我也。有刺史的儿子和我同路，这回就万无一失了……"他找到胡质说："大人，我回家同公子一路同行，我可以照顾公子，请大人放心好了。"胡威从老家来荆州时是一个人单独来的，一个人回去自然也没什么问题。不过，胡质转念一想：路上有个人相伴，这我更为放心了。于是，就答应这个官员的请求，让儿子与他一块启程上路。

一路上，那个官员对胡威照顾得相当周到，每到一站，都是帮胡威安排好住宿，又是端茶，又是送饭。开始，胡威觉得那个官员这样殷勤地照顾他，不过是为了讨好父亲，以便以后有机会好提拔他，没有再过多地去深思。后来，胡威注意到，那个官员行装多得很。胡威犯了疑心：他怎么随身带了这么多东西呀？

开始，胡威没有去问那个官员都带了些什么东西，因为是第一次见面，还不太熟，不好问这问那。两人同路走了几天，相互间熟悉了，胡威就试着随便打听一下，问带的都是些什么东西。那个官员看同路的没有别人，又快到家了，就如实告诉胡威说带的是丝绸布匹、金银首饰、药材土产等。胡威一听，心里明白：就凭他那么一个小官，能有这么多

财产，肯定是不义之财！他父亲比那个官员官职大多了，俸禄也多多了，可父亲从未节省出这么多财产来。看来，他是将搜刮来的大量民财，借此机会送回家里去。

那个官员为了讨好胡威，在临分手时，要送给胡威一匹上等的绢。胡威心里明白是什么意思，他想：这不义之财，我绝不能收。于是，就婉言谢绝了。

胡威回到家里以后，立即写信把路上的事情告诉了父亲，并提醒父亲要严格教育部下，可别上那些专门拍马屁的人的当。父亲收到信后，及时派人调查。果然，那个官员是个贪官，凭借职权，搜刮民财。胡质严肃处理了那个贪官。

胡威长大以后，不管是在地方上作官，还是到朝廷中去任职，总是一心为国效劳，为百姓办事，从不凭借职权贪污受贿，一身清白。晋武帝司马炎很赏识他。在他任刺史以后，有一次，司马炎问胡威："你说你和你父亲相比，谁更清廉一些？"胡威稍稍思索一下，说："我不如我的父亲。因为我父亲做了清正廉洁的好事，生怕别人知道，而我呢，虽然也清正廉洁，但就怕别人不知道。"司马炎听了，更加赏识他，称赞说："你不仅有清正廉洁的品德，还有谦虚的美德呢！"

胡威在父亲的影响和教育下，同父亲一样的清正廉洁，真是"有其父，必有其子"啊！

巧择女婿

徐邈（miǎo），字景山，蓟（今北京市西南郊）人，三国时代魏国的名臣，曾任尚书郎。他特别注重自身的德行修养，处世很谨慎。

他有一个女儿，不仅人长得美，而且很有才华。到了出嫁的年龄，人们自然很关心，上门说亲的人可不少。徐邈特别喜欢自己的女儿，视为掌上明珠。他想，一定要为女儿结一门如意的亲事。

可是，前来说亲的，其中不乏公卿显贵之子，徐邈一个也没有相中，一个个全被他给婉言谢绝了。

徐夫人不知丈夫打算要给女儿选一个什么样的人为终身伴侣，这个看不中，那个又不行，他究竟是看中谁啦？徐夫人不解。

这一天，徐邈找到夫人和爱女，如此这般地布置了一番……夫人和爱女都微笑着点头应允。

这一天下午，徐邈兴致勃勃地把他的部下都请到家中，大家围坐满堂，徐徐饮酒，侃侃而谈，直到很晚才尽兴而散。

送走了最后一批客人，徐邈缓步来到后堂。烛光下，他的夫人与爱女正在低声神秘地议论着什么。徐邈心里明白，他笑吟吟地，首先问女儿："今天满座的来宾，其中有你称心如意的人吗？"女儿有点不好意思直说，推托道："女儿之意，已向母亲说明。"说罢，就退入闺房之中去了。徐邈又转问夫人，夫人有点不大高兴地说："谁知道，你的宝贝女儿看中了那个王浚（jùn，俊）！"徐邈一听，心满意足地笑了起来，说："哈，我女儿的眼力，果然不错。也正合我意！"

原来，这次宴邀群僚，是徐邈与他妻子、女儿事先有意安排的：待人人都来了以后，让女儿在妈妈的陪伴下，躲在旁边静观来人的仪表，静听来人的谈吐，由女儿自己从中挑选如意的郎君。

徐夫人对女儿的眼光并不满意，她对丈夫抱怨道："过去，那么多名门大户来提亲，你一概瞧不上。常言道：父母之命，媒妁之言。女儿的终身大事，本应该由父母做主。你可倒是好，要让女儿自己挑选丈夫。你看，你的部下之中，有那么多名门大户子弟，她一个也相不中，却挑了个王浚！他才是个多大的官呀，又不是出身名门。唉……"

对于夫人的看法，徐邈却不以为然。他劝夫人道："达官贵人之家，膏粱子弟甚多。这些人依靠父祖荫庇，既无真才实学，又不追求上进，没有什么发展前途。我为什么一定要在这些人中择婿呢？说到这个王浚，可不能小看。他现在虽然官职不高，但少怀大志，才智出众，将来很可能大有出息啊！"

徐邈说服了夫人，遂了女儿的心愿。不久，便给女儿与王浚完了婚。

女儿和徐邈的眼光果然不错。后来，王浚先后做了巴郡太守、益州刺史。在讨伐吴国的战斗中，以他的大智大勇，率兵灭掉了吴国，为西晋的统一建立了大功，最后升至抚军大将军。

众则难摧

两晋时期，我国北方有一支称为"吐谷浑"的游牧民族。他们个个能骑善射，勇猛顽强。西晋末期，吐谷浑民族迁至西北地区，活跃在今天的甘肃、青海一带。

吐谷浑民族的一个首领叫阿柴，他有 20 个儿子。阿柴为民族的昌盛奋斗了一生，在他病重时，所忧虑的仍旧是民族的前途。为保住几代人前仆后继所创下的民族大业，他拖着久病的身子，把子弟们召集到病床前，对他们说：

"当初，我的哥哥车骑将军——我们的民族首领树洛干，从国家、民族大业考虑，没有按照传统把国家政权传给他的儿子拾虔，而是破例传给了我。现在，我年老多病，也该考虑把政权交给谁的问题了。我们的先人在考虑这个问题的时候，是以国家、民族大业为重，我也不能只顾偏爱自己的长子纬代，却忘掉先王的宏大志向。我死了以后，要封我叔父乌纥提的大儿子——我的弟弟慕瑞（guì）为民族的首领，你们应尊奉他为国主。"

他的儿子们听了父亲的话，有的赞成，点头称是；有的则表情疑惑，表示不大赞成。很明显，兄弟们在谁来继承王位这个问题上，是有不同看法的。这一切，阿柴都看在了眼里。

他想，如果儿子们在这个事关重大的问题上发生了矛盾，那就很容易导致四分五裂；假如为争夺王位，再自相残杀，那局面就不可收拾了。

阿柴虽已年迈体衰，病情危重，但理智还是清醒的：绝不能让儿子们走上民族自我毁灭的道路，使先人创建的民族大业毁于一旦。在万分忧虑中，阿柴终于想出了一个教育儿子们的办法。

他让每个儿子从自己的箭袋里拿出一枝箭来。儿子们面面相觑，不知父亲要干什么。阿柴从一个儿子手中拿过一枝箭，交给慕瑰的弟弟慕利延，让他当众折断这枝箭。慕利延稍稍用力一折，箭就被轻而易举地折断了。儿子们仍然不知父亲是要做什么。这时，只听父亲说："你们把剩下的这 19 枝箭，捆成一束。"然后，又让慕利延折断。只见慕利延费了九牛二虎之力，折了老半天，还是不能将那 19 枝箭折断。

阿柴此时开口了，表情非常严肃，语气也非常沉重：

"孩子们，你们都亲眼看到了吧：一枝箭，孤单单的，很容易被折断；19 枝箭紧紧捆在一起，就折不断了。这就是'孤则易折，众则难摧'的道理。要记住，我死后，你们兄弟 20 个，要团结合作，齐心协力。只有这样，才能保国宁家，我们的民族才能昌盛发达啊！"

看着儿子们个个都领悟地点着头，老阿柴放下心来。他慢慢地躺在床上，安详地、永远地闭上了眼睛……

阿柴折箭教子的故事，告诉我们一个教育子女的道理，就是对于较为深奥的道理，最好用比喻的方法去说明。这样形象生动，深入浅出，易于为子女理解。这种教育方法叫做"寓教于喻"。

磨尽三缸水

　　王羲之（公元 303 年～公元 361 年），字逸少，琅邪临沂（今属山东）人，东晋著名书法家。他出身贵族，曾任右军将军、会稽内史，人称王右军。

　　王羲之从小酷爱书法，7 岁的时候就能写出一手好字。曾跟书法家张芝学过草书，跟仲繇学过正书，并博采众长，精研体势，推陈出新，一变魏汉以来质朴的书风，成为妍美流便的新体。后人以"飘若风云，矫若惊龙"八字来形容他书法笔势的雄健、潇洒。

　　王羲之的第七个儿子王献之，在父亲的影响和培养下，从小也热爱书法。王羲之对儿子要求一丝不苟，极为严格。为了指导儿子锻炼指力、腕力和臂力，他要献之在笔杆的顶端顶着一块砖头写字。他把自己多年练基本笔法的经验传授给献之，告诉儿子说：写一点，"须空中遥掷笔作之"，像"高峰坠石"，使人感到沉重有力；写一横，要"如长舟之截江渚"，使人觉得无懈可击；写一竖，要"如冬笋之挺寒谷"，使人看去觉得难以摇憾；写一向上挑的弯钩，要"似百钧之弩初张"，使人看了好似铁铸成一般；写一向下拐的弯脚，要"如壮士之屈臂"，使人看了觉得力大无穷。

　　在父亲的严格训练下，王献之的书法技艺提高很快，与此同时，一种自满情绪却悄悄地在他心底里滋长着。

　　有一次，儿子正在写字，王羲之趁他不注意，突然从背后伸手抽走了他手里的笔。献之大吃一惊，回头一看，见是父亲，便恭恭敬敬地站

了起来。王羲之声色俱厉地对他说："你握笔如此无力，怎能写出力透纸背的字来？"

王献之自觉有失，他无言以对，只是怨恨自己的功夫不深。从此以后，他便认真练起基本功来。

过了一些时候，有一天，王羲之又悄悄站在儿子背后看他写字，他猛地伸手用力抽儿子手中的笔，献之握笔很牢，没有抽掉。王羲之见儿子练字有了进步，感到特别高兴，心想：儿子今后一定会有出息的。于是，就热情地鼓励了儿子。

儿子受到父亲的鼓励，心想：像父亲这样鼎鼎有名的书法家都赞扬自己，看来我的字快赶上父亲了。从此，又有点放松自己。父亲看出，儿子又有些骄傲自满了，但没有责备他。

为了显示一下自己的本领，献之写了一篇大字，捧请父亲评定。王羲之见儿子写的大字中，恰好有一个"太"字漏写了一"点"，成了个

"大"字。而且这个"大"字写得架势上紧下松，同全篇所有的一样欠功夫，便顺手提笔把那一"点"补上了。然后，他叫儿子拿去给母亲看。

王献之心里好生疑虑：我写的字是行，还是不行，总得说说呀，父亲怎么不吭一声呢？他只好又去见母亲。

王羲之的夫人平时受丈夫熏陶，很会鉴赏书法艺术，尤其对丈夫的书法艺术，非常熟悉。她仔细看过儿子写的字后，觉得儿子写字的功夫跟他父亲相比实在差得太远了。一篇大字，也只有"太"字的那个"点"笔锋苍劲，力透纸背，像是丈夫的笔法。她看了看面前有些自信的儿子，没有直接责备他，而是实事求是地肯定了"太"字的那个"点"。她对儿子说道：

"吾儿磨尽三缸水，唯有一点似羲之。"

王献之听了母亲的话，简直惊得发呆了！母亲指的那一"点"，正是父亲在"大"字下面加的那一"点"啊！他的脸刷地一下红了。他十分羞愧，方知想要在学业上真正有所成就，还须狠下功夫。他主动向父亲承认了错误，表示以后再不骄傲了，一定要像父亲那样苦练。

几年以后，王献之的字练得越来越好了。可是，父亲还说他的功夫不到家。他有点不耐烦了，感到像这样练下去，什么时候才能让父亲满意呢？

于是，他便向父亲提出了一个问题：写好字有没有什么秘诀呢？

父亲一听，知道儿子有点坚持不下去了。他没有训斥儿子，而是用启发诱导的方法，意味深长地对儿子说：

"写字的秘诀是有的，就在咱家里这十八口大水缸里。你把这十八口水缸里的水写完以后，自然就知道写字的秘诀了。"

父亲的话使儿子很受教育。献之终于认识到，写字的秘诀就是勤学苦练，持之以恒，坚持不懈。他再也不去找什么捷径了。

经过多年的苦练，王献之终于成为与父亲齐名的著名书法家，父子二人被人们并称为"二王"。王献之精通各种书体，尤以行草擅名。其书法英俊豪迈，饶有气势，对后人影响很大。

浪子回头

张绪，字思曼，是魏晋南北朝时期南齐人。他一生清简寡欲，克勤克俭，追求学问，很有修养。曾任国子祭酒，专门主管高等学府的事务。

他有一个儿子，叫张充，字延符。曾任散骑常侍、金紫光禄大夫，对于《易经》很有研究，有一定社会声望。

张充，人倒是很聪明，长得也不错，就是从小不爱读书，整天东游西逛，吃喝玩乐，一点儿都不求上进。到了20多岁，在学业上一点成绩也没有，品行也不太好。父亲张绪常年在外做官，远离家乡，想管教他，也是鞭长莫及。家里其他人，拿他一点办法也没有。

有一次，张绪返回家乡探望亲人。他的车子刚刚走近村口，老远就看见一大帮人簇拥着一个青年走了过来。只见那年轻人身着绸缎长袍，左胳膊上架着一只鹰，右手牵着一条狗，一副浪荡轻狂、流里流气的样子。张绪自幼就注重自身修养，行为举止规矩大方，风度翩翩，很受人仰慕。所以，他最看不惯这号人。看到此情此景，不由得摇摇头，自言自语地叹息道："咳！真不知道这是哪户豪门的浪荡公子。怎么，他家的大人也不管教管教？"

可当他的车走近那伙人跟前，他定睛一看，啊！他万万没想到，眼前这个浪荡公子，不是别人，正是他自己那宝贝儿子——张充！

张绪一时间愣住了。怎么，是他！两年不见，这孩子竟然堕落到这种地步，变成了这个样子了！他不禁感到内心一阵痛楚，不由自主地大声喝道："充儿！你看你这是什么样子？成什么体统？还不赶快给我回家!"

张绪憋着一肚子气,不好当众发作,打发赶车的人快赶车回家。不一会儿,张充回来了。

张充刚在大街上当众受到父亲的训斥,虽有点不高兴,但见到多年不见的父亲,还是问好请安。张绪不理他。

面对这样的儿子,张绪深深自责,悔恨自己平时对他管教太少了,太不严了。他知道,儿子已经快30岁了,再不严加管教,不知还会堕落成什么样子;可转念又一想,只靠简单训斥,也不行,他又不是小孩子了。张绪极力按捺住自己激愤的情绪,耐心地劝导说:"充儿,你看你现在是个什么样子!都快30岁的人了,还整天这样在玩鹰牵狗,消磨大好时光。孔圣人说,三十而立。到现在,你还不改邪归正,抓紧时间读点书,长点知识,将来你会后悔的呀!"

稍停片刻,他又自责地说:"今天你成为这个模样,也不能都怪你,我也有责任,平时对你教育得太少了。"听了父亲的教诲,张充思想上受到了触动。

在回到家里的一段时间内,张绪基本上是闭门谢客,几乎整天和儿子在一起,跟他谈古人古书中的训诫,谈自己生活道路上的体会,谈浪子回头的故事……

在父亲的耐心教育下,张充逐渐明白过来了。他果断地撒了鹰,放了狗,回绝了那些只知道吃喝玩乐的朋友,和那些浪荡公子断绝了往来。他像重新换了一个人似的。从那以后,他发愤读书,加强自身修养,终于成为一个有学问、有修养的人。

因势利导

祖冲之（公元 429 年~公元 500 年），字文远，范阳遒（今河北涞水县）人，南北朝时代南朝的大数学家、科学家。他推算出圆周率 π 的值在 3.1415926 和 3.1415927 之间，这是当时世界上最精确的数值；又提出 π 约率 22/7 和密率 355/113，密率值要比欧洲早 1000 多年。他著有数学著作《缀术》和《九章术义注》，都已失传。在天文学方面，他编制的《大明历》，首先考虑到岁差的计算，对于日月运行周期的数据比当时的其他历法更为准确；又曾改造指南车、作水碓磨、千里船等，做工都很机巧。

这样一位了不起的人物，并不是什么高等学府造就出来的，他主要是受益于家庭教育。

祖冲之的父亲祖朔之，是一位学识渊博的读书人，他希望自己的儿子也像自己一样能够钻研学问，精读经书。于是，还在祖冲之五六岁的时候，祖朔之就手拿木尺，逼着他背经书。对那枯燥难懂的内容，祖冲之实在读不上口，背不下来。一直到了 9 岁，对经书他还是没有兴趣。看到儿子背书时总是噘着嘴，皱着眉，哭丧着脸，祖朔之常常气得用木尺敲打桌子，甚至有时还出手打儿子几巴掌。他越是这样做，祖冲之越被吓得呆头呆脑，有时读了半天，竟连一句也背不下来。祖朔之经常气急败坏地骂儿子："我们家怎么生出了你这么个大笨蛋！"

一天，在祖朔之大骂儿子时，祖冲之的爷爷祖昌走进屋来，他一边替孙子擦眼泪，一边气愤地说："如果我们祖家真的出了一个笨蛋，你这样打他骂他，他就会变聪明吗？你天天逼着他念什么经书！依我看，不见得只有读经书，才能有出息。"说完，就把孙子领走了。

祖昌是大匠卿，是主管建筑工程的高级官员。他经常去现场视察。一次，祖昌特意把孙子带了去。祖冲之第一次看到大山、河流、田野村庄和规模宏大的各种建筑物，感到一切都是那样的新鲜，大开了眼界。

在农村，祖冲之结识了一些孩子。白天，他们一起割草、拾柴；晚上，和孩子们一起认天上的星星。那些孩子们告诉他，哪是牛郎星，哪是织女星，哪是北斗星……孩子们还教给他唱月缺月圆的歌谣：

"初一看不见，初二一根线。初三初四镰刀月，初七初八月半边。一天更比一天胖，直到十五月团圆。十七十八月迟出，廿二半夜见半圆。一天更比一天瘦，廿九三十月难见。"

祖冲之并不像父亲所说的那么笨，很快就背熟了这支歌谣。进而，他经常向爷爷提出一个个的问题："月亮为什么有圆有缺呢？""为什么每月十五日月亮最圆呢？"

祖昌看孙子这样追根问底，特别高兴。心想："我孙子对经书不感兴趣，对天文倒是特别喜欢，说不定将来长大在这方面会大有出息。"

孙子提出的问题，祖昌回答得上来的，就耐心讲给他听；不能回答的，就说回家找几本书给他看。

到了家里，祖冲之如饥似渴地读着爷爷给他找来的书。他仔细地钻研着，天文知识越来越丰富，对天文知识也越来越有兴趣。

有一天，祖冲之读汉朝天文学家张衡的《灵宪》一书，好半天，也没有读懂，他就去找爷爷。祖昌看了好一会儿，对孙子说："这里正是讲月圆月缺的道理，咱们一起来学习，弄明白。"祖冲之谈出了自己的看法，爷爷很高兴，称赞他说："说得对，有道理。你看，你一点儿也不笨呀！"祖冲之受到爷爷的鼓励，更加好学了。

不久，祖昌又带孙子走访了当时的天文学家何承天。这位70多岁的老人，根据自己四十多年观测天象的经历，告诉祖冲之说："要弄清天地的秘密，钻研天文，不是一件容易的事，必须一辈子下苦功夫，必须打破死抠书本、因循守旧的框框。"

就这样，在爷爷的因势利导之下，祖冲之走上了热爱科学的道路，并在科学研究上取得了卓越的成就。

带头"爬山"

祖冲之是我国历史上颇有成就的大数学家、科学家。他的儿子祖暅（gèng），在他的影响、熏陶和教育下，子承父业，也在数学和科学发明上取得了巨大成就。

祖暅，又名祖暅之，字景烁。"少传家业，究其精微，亦有巧思"。他用立体几何中的一种方法，求得球体体积的正确公式。父亲所改的"何承天历"（即《大明历》）在当时尚未实行，梁朝天监初年，经过祖暅的修改，开始正式实行。祖暅曾经做过太舟卿。

祖暅小时候，像少年时代的祖冲之一样，喜欢钻研一些科学知识，对父亲研究的圆周率问题也产生了浓厚的兴趣。平日里，他老是围着父亲问这问那，祖冲之看儿子求知欲望很强烈，从心底里感到高兴。儿子问什么问题，他都是有问必答，从不厌烦。

一天，祖冲之按照西汉科学家刘歆制造的标准量器"律嘉量斛"，计算刘歆当时用的圆周率。他细心地一次又一次地运算着。当他算出刘歆用的圆周率是 3.1547 时，已是满头大汗。他兴奋地站了起来，高兴地搓着双手连声说道："不错，不错！"祖暅见父亲那个高兴劲儿，知道父亲又有新的收获，也在一旁连蹦带跳地说："父亲算对了，父亲算对了！"祖冲之对儿子认真地说："不是说我不错。我是说刘歆不错，他真是了不起！"

接着，祖冲之对儿子说：

"刘歆，是 400 年前西汉时期的一位大学问家。他不迷信古人。中国古代有一本著名的数学书叫《周髀算经》，里面有句'径一周三'的话，意思是说，圆周是直径的三倍。若直径是一寸，圆周就是三寸，圆周率是3。刘歆打破了这个旧说，通过计算得出比它更精确的圆周率数值。"

祖冲之又借机向儿子介绍了东汉科学家张衡和三国时魏国的科学家刘徽求得的圆周率。他说，刘徽用"割圆术"的方法，一直算到圆内正96边形的边长，得出圆周率是3.14，这是更精确的圆周率。他告诉儿子说，要是在圆内做出正192边形，正384边形……然后再仔细计算，就会使圆周率愈来愈精确。他表示，要这样计算下去。

祖冲之的父亲祖朔之，思想比较保守固执，他反对儿子搞什么科学研究，也反对孙子搞。祖冲之为避免和父亲再发生冲突，便搬了家。他请人把书房里的木地板刨得十分平滑，准备在上面画个大圆，以便计算。

光阴似箭，一晃几年过去了。儿子暅之也差不多和父亲一样高了，掌握了不少知识，能做父亲的帮手了。

一天，祖冲之和儿子一起，开始了计算圆周率的工作。他们在书房的地板上画了一个直径一丈的大圆，又在圆内做了一个正6边形。

祖冲之笑着问儿子："我考考你，你说这个正6边形每边有多长？"

"每边和圆的半径一样，是五尺。"暅之回答说。

祖冲之满意地点了点头。然后，他又让儿子计算圆内正12边形的边长。他对儿子说："算起来是非常麻烦的。算到后来，每个数都是无穷的小数。为求得精确，必须尽可能多算几位小数，这就很容易出差错。你试一试，可不要怕难啊！"

暅之认真仔细地运算着，儿子每算完一步，祖冲之就在一旁记下结果。灯里的油快熬干了，时间已是半夜，才算出边长是0.258819丈，正12边形的总边长是3.105828丈。祖暅深深地透了一口气，他站了起来，满怀喜悦地对父亲说："可算出来了！"

祖冲之看儿子越来越有出息，自然是很高兴。但他深深懂得，以后的路更长更艰巨，他严肃地对儿子说："这仅仅是开始，好比爬山，这最初的一段路还算比较平坦，给你爬上去了。以后还有一个比一个更险峻的高峰等待着我们呢！你要爬山不止，不能泄气啊！"

　　祖冲之和儿子一起，一天一天废寝忘食地计算，一直计算出正12288边形的每边长为0.00022566丈，总长为3.14159261丈。再要在这圆里做出正24576边形的一边来，已经和圆周几乎紧贴在一起了。儿子看实在没办法再画了，便对父亲说："父亲，已经没有办法再画了，你看怎么办呢?"

　　祖冲之沉思了一会儿，告诉儿子说："从理论上讲，如此把圆周分割下去，是没有办法穷尽的。但是，事实上我们现在不能再继续分割下去了，只能暂且到此为止。"

　　于是，祖冲之提笔记录下他和儿子计算出的圆周率：如直径为1，圆周大于3.1415926，小于3.1415927。

在公元5世纪，精确地计算出圆周率达到小数点以后第7位的人，全世界只有祖冲之父子。

祖冲之对儿子不仅言传，而且身教。在努力攀登科学高峰的征途上，他要求儿子做到的，自己首先做到，要求儿子"爬山"，他首先带头"爬山"，时时事事给儿子做出榜样。

公元500年，祖冲之72岁了。辛勤劳累，使得他体弱多病。临终前，他把儿子唤到床前，叮咛儿子要继承自己未竟的事业，把他的算术著作编辑成书，使他制订的《大明历》得以施行。

祖暅之没有忘记父亲的遗愿，把父亲的数学著作收集起来，编成六卷，书名叫《缀术》。公元510年，经过祖暅三次上书，梁武帝下令采用《大明历》。

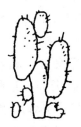

教女敬婆母

李晟（shèng）（公元 727 年～公元 793 年）是唐朝著名的将领。字良器，洮州临潭（今属甘肃）人。他先在西北边镇为裨将，屡立战功，后调任右神策军都将。唐朝德宗年间，他率兵讨伐藩镇田悦、朱滔、五武俊的叛乱，朱泚叛乱占据长安，他带兵回师讨平，收复了长安。由于他平息叛乱有功，被任命为凤翔、陇右节度使，并兼任四镇、北庭行营副元帅，被封为西平郡王。贞元三年（公元 787 年）被解除兵权。

李晟虽是行伍出身，一生大都是在带兵打仗中度过的，可他却深明人间事理，对子女要求很严格。他战绩显赫，屡建功勋，但不居功自傲，从不摆架子，特别注意尊重别人。

李晟有一女儿，嫁给了一个姓崔的普通官员。按当时的风俗，人们都称她为崔氏。崔氏就住在离娘家不远的地方，她常常回家来看望父母双亲。

有一年，李晟过生日，李家真是门庭若市。一大早，祝寿的亲朋好友来来往往，络绎不绝。为父亲庆寿，儿女自然是最忙碌的。崔氏是第一个赶到娘家的，一进门就连忙张罗着接待前来祝寿的人，准备饭菜。

全家上下，忙活了大半天。时至中午，满桌的酒菜刚刚摆好。就在这时，崔家的一个使女神色慌张地走了进来。原来是崔氏的婆母突然患了急病，使女是来向崔氏禀告。崔氏站起来，又坐下了，看样子有点左右为难。后来，和使女小声说了些什么，就把使女打发走了。

过了没多久，只见刚才来过的那位使女，又风风火火地回来了，还是伏在崔氏的耳边低声在说什么，看样子是有什么急事。

这一切，李晟都看在眼里，觉察着大约女儿婆家有什么事，不然不会三番两次地派人来找她。李晟借着下座给客人请酒的机会，悄悄地走到女儿身边，小声地问道："女儿，是不是家里有什么事？"崔氏从小受到父亲严格的家庭教育，从不会说谎，她很为难地对父亲说："是我婆母生病了。父亲不用操心，我已经安排家人去伺候了。"

李晟一听，女儿是在婆母生病的情况下来给自己祝寿的，不禁很生气。可当着众人的面，又不好多说什么。

他就把女儿叫到另一个房间，批评她说："你怎么能丢下你生病的婆母不管呢！"女儿说："父亲过生日，我做女儿的不能不来。"父亲命令道："你马上给我回家，先快去照顾病人！"

崔氏只好遵照父命，连忙起身随使女回去了，守在婆母身边，送汤送药，精心照料。这天晚上，当祝寿的客人们散走以后，李晟不顾一天的劳累，也赶到崔家去看望亲家母。他一面批评女儿不懂事理，一面检讨自己对女儿教育不够。

李晟教育女儿孝敬婆母的事，一时传为美谈。

怀中何必是男儿

白居易（公元772年～公元846年）是我国唐代的伟大诗人，字乐天，晚年号香山居士。其祖籍是太原（今属山西），后迁居下邽（今陕西渭南北）。

他自幼刻苦吟诵诗书，以至于口舌都生出疮来了。他废寝忘食地伏案攻读、写作，以至于臂肘磨出了老茧。孜孜不倦的努力使他获得了真才实学，在诗歌创作上获得了丰硕的成果。白居易忘我追求事业，到37岁才结婚，夫人是一代才女杨氏。他年近40岁的时候，得了一个小女儿。

在男尊女卑的封建世俗观念极为严重的封建社会，在不惑之年才得一女儿，这被许多人看作是一件很遗憾的事，也被人瞧不起。但是，诗人却不以为然，而是很兴奋。他对夫人说："自古以来，英雄豪杰，也不尽是男儿。木兰从军，不就是女儿英雄吗？我虽不能横刀跃马，却能通晓诗赋。我的女儿无须替父从军，却可助我为文。"寥寥数语，表达了诗人豁达宽阔的胸怀。

诗人夫妇对小女喜爱至极，并寄予厚望，满怀喜悦的心情给女儿取了一个名字——金銮。从这个名字看，女儿在诗人夫妇心目中的地位和价值。不幸，小金銮不足3岁，就因病夭折了。夫妇二人悲痛万分。白居易写下了《病中哭金銮子》《念金銮子二首》等诗，表达了诗人对女儿的深切哀思。

相隔4年以后，杨氏生下了第二个孩子——还是个女儿！白居易仍旧异常喜爱，给她取名为"罗儿"。闲暇时抱着她，教她"咿咿呀呀"地学说话。

诗人又专门为第二个女儿写了一首题为《罗子》的诗。诗中说：

"有女名罗子，生来才两春。

我今年已长，日夜二毛新。

顾念娇啼面，思量老病身。

直应头似雪，始得见成人。"

这意思是说："我有个女儿名为罗子，现在刚刚两岁，而我年龄已大，每日每夜却有白发生出。端详着爱女那娇啼的模样，反过来思量自己年老多病的身体，感慨万千，直到我白发苍苍满头雪的时候，才能盼到女儿长大成人啊！"诗中表达了诗人对女儿深沉的爱。白居易还在诗中形象地记述了女儿天真烂漫的可爱的举止行为："朝戏抱我足，夜眠枕我衣"，"学母画眉样，效吾咏诗声"……

罗儿20岁的时候，嫁到姓谈的一家。两年后，女儿生了一个女孩。66岁的白居易自此做了外祖父。他担忧女儿、女婿因为生了个女孩而懊丧，在给外孙过满月时，他写去贺诗。诗中说："怀中有可抱，何必是男儿？"表达了诗人对传统的"男尊女卑"旧意识的否定。

在1000多年以前，诗人白居易就具有这样宽阔的胸怀和进步的思想，实在是难能可贵。

遇物则诲

唐太宗李世民，是我国历史上一位很有作为的皇帝。在登上皇位之前，他配合他的父亲唐高祖李渊南征北战，为建立唐王朝做出了很大的贡献。称帝以后，他任用贤臣，虚心纳谏，治国有方，有力地促进了封建社会政治、经济和文化的发展。

唐太宗很注重对儿子们进行教育。他对儿子们进行教育，具有强烈的针对性，讲究方法，循循善诱。

他针对儿子们社会地位极高、很容易滋长骄奢淫逸恶习的特点，在贞观十年，曾语重心长地对儿子们说：

"从汉朝以来，皇帝的儿子被封王封侯，安享荣华富贵的人，的确为数不少。但他们当中保住禄位的并不多，有的下场很可悲。什么原因呢？主要是由于他们从小生活在富贵之中，养尊处优，逐步养成骄傲霸道、贪图安逸的毛病，在邪路上滑了下去。你们要引以为戒，不要重蹈他们的覆辙。你们要选择有德行、有才能的人，作为自己的师长和朋友，而且要虚心听取这些人的规劝。

"一个人最可宝贵的是德行，何必要一心追求那荣誉地位呢？夏桀王、商纣王，倒是天子，论地位是最高的了。但是，他们德行很坏，是有名的暴君，终究被打倒。而历史上一些有德行的人，虽然他们是普通百姓，地位低下，却一直受到人们的称赞。君子和小人不是永远固定不变的。你们的地位都很高，如果再具有很高尚的德行，岂不是更好吗！你们要时时勉励自己，多做好事，千万不可胡作非为，更不能闹得犯法受刑！"

　　唐太宗为了使儿子们吸取历史上的经验教训，还专门让大臣魏征等人搜集历史上帝王子弟成功、失败的史实，编成一部《自古诸侯王善恶录》，发给儿子们每人一部。要求他们将这部书放在身边，要经常翻阅，以为鉴戒。

　　唐太宗认为，老师对孩子的成长关系很大，所以他很注意为儿子们选派老师。他曾选派长孙无忌、房玄龄、萧瑀（yǔ）等这些德才兼备的人，作为儿子们的老师。儿子李泰从小就很聪明，他非常喜欢，为进一步培养造就，选派为人刚正的大臣王珪作为李泰的专门老师。为让儿子们尊敬老师，唐太宗专门下诏规定对待老师的礼节。

　　太子李承乾是法定的皇帝接班人。唐太宗深知，太子德行的好坏和才能的高低，直接关系到国家的盛衰兴亡。因此，他尤为重视对太子进行个别的教育。他曾对自己的侍臣说过，我教育太子的方法是"遇物则诲"。

　　何谓"遇物则诲"？他说：

　　"在太子吃饭时，我就对太子说：'种庄稼可是一件不容易的事。你要是懂得了这个道理，就会永远有饭吃。'

　　"在太子骑马时，我就对太子说：'马和人一样，应当有劳有逸。你要是懂得了这个道理，就会永远有马骑。'

　　"在和太子一起乘船时，我就对太子说：'这水可以把船浮起来，也可以把船掀翻。百姓就好比是水，君主就好比是船；百姓可以拥戴你，也可以把你给推翻。'

　　"在和太子一起在大树下乘凉时，我就对太子说：'木匠要把这树干锯成直直的木板，必须依照绳墨去锯。作君主的只有虚心听取臣子的进谏，才能做到圣明。'"

　　唐太宗不仅注重在日常生活中对太子灌输一些治国安民的道理，还要求太子去亲自实践。他让太子代他处理一些政事，使太子在实际从政过程中，得到锻炼，增长才干。

　　在唐太宗处理政事的过程中，他经常结合自己为政的亲身体验教导太子。唐太宗在晚年，一再告诫太子说：

"你要学古代的圣王，以他们为师，我是不足效法的。要学最好的圣王。学最好的，只能做到中等；学中等的，恐怕只能做到下等。

"我即位以来，毛病不少，建筑宫殿，讲究奢侈，巡游四方，惊扰百姓，这都是我的过错，你可不要学。不过，我的功劳大于过错，所以能保住大业。但要说做到尽善尽美，我还差得远，很惭愧。

"你没有我的功劳，却承受我的富贵。你竭尽全力治理国家，国家还能平安，你还能保住皇位；要是骄傲奢侈，恐怕就连性命也保不住了。把一个国家治理好，那很慢；要把一个国家搞乱，丢掉皇位，那可是易如反掌。你要谨慎呀！"

唐太宗临死前，还将自己的治国经验教训，写成《帝范》一书，留给子孙，以给他们借鉴。

唐太宗注重儿子们的教育，完全是为了培养造就封建统治者，其教育内容基本上都是封建统治者的治国安民之道。但他注重儿子们的教育，并且讲究方法，这些还是给人以启示的。

求官送牛

五代时期的后周，有一位清廉自守的大官叫周行逢，他历任刺史、节度使、中书令等职。

周行逢的女婿唐德，是一个好吃懒做、不学无术、不务正业的人。他长得五大三粗的，浑身有使不完的劲。可他却懒于耕作，凡事舍不得花气力，一天到晚游手好闲，什么正经事也不干，是远近闻名的懒汉。乡亲们见到他总是这样混日子，都劝他说："小伙子，可不能老是这样东游游西逛逛地打发日子了，该干点什么正经事啦！"唐德听了，总是嘿嘿一乐，神秘地说："别着急，别担心，我自有办法。"

唐德的办法是什么呢？

一天，唐德来到岳父周行逢家，随身带来一些孝敬老人的礼品，很有礼貌地说："岳父大人，我给您请安来了。这点东西，不成孝意。"女婿坐定，岳父不禁问起唐德近来的情况。唐德装作悔悟的样子，羞愧地说："小婿不才，这几年没抓紧做点事情，日子都给混过去了，如今想起来很是惭愧……"

周行逢看女婿有所醒悟，心中不觉十分高兴，鼓励他说："孩子，你现在能认识到再这样好吃懒做不好，还为时不晚，赶快想办法找个正经事做做吧！"

唐德听了这话，感到这可是个千载难逢的良机，立即跪在周行逢面前，请求岳父说："我的事就由岳父作主了。今天我就是为这事而来，请岳父大人给小婿谋个官职吧，哪怕是再小的官我也不嫌弃……"

岳父是一个为官正直的人，在官场对自己严格，对部下也很严格，从不依仗职权谋私利。听女婿提出了这样的请求，为难地说："恐怕这很不容易呀！"

唐德说："岳父大人在朝中做了这么大的官，给小婿谋一个小小的官职，这还不容易吗？"

岳父见女婿没有听懂他的意思，就坦率地语重心长地对他说：

"就我现在的权力，要我给你谋一个官职，当然不难。可你多少年来，浪里浪荡惯了，不大适合作官。要是你做出违法乱纪的事来，我又不能不处罚你。到那时候，就讲不得岳父女婿的情分了。你好好想想，我看还是不做官为好。"

女婿还是不死心，为难地说："你老人家不给我做官，可我没有田地，没有财产，靠什么来过日子呀？"

周行逢望着唐德那乞求的目光，沮丧的表情，想了想，说："可你有的是力气呀。你可以去耕地，用自己的力气来养活自己，养活全家人。"看到女婿也确实有难处，又说："这样吧，我给你买几亩地，再买头好耕牛，你回家好好种地，也会过上好日子的。"

唐德见岳父不讲情面，又听了岳父情真意切的耐心劝导，终于放弃了求官的请求，牵着岳父给买的耕牛，回家老老实实地种田去了。后来，唐德终于成为一个自食其力的人。

教女知俭朴

宋太祖赵匡胤（公元 927 年～公元 976 年）是宋朝的开国皇帝，公元 960 年至公元 976 年在位，涿州（今河北涿州）人。

宋太祖是一位很有作为的政治家。在位期间，他结束了混战割据的局面，并采取一系列的政治措施，加强了专制主义中央集权制。

作为大宋朝的第一个皇帝，赵匡胤在生活上却是一向注意节俭，从不任意挥霍钱财，受到后人好评。他不仅自己注重节俭，而且在生活上也严格要求自己的子女。

有一天，宋太祖的女儿永庆公主坐着轿子来到皇宫拜见父亲。公主一下轿，人们就被她身上那件贴绣铺翠、华丽无比的衣服吸引住了。那是一件用一根根孔雀羽毛做成的衣服，衣服上还镶嵌着许多金光闪闪的宝珠。人们都看呆了，禁不住发出"啧啧"的赞叹声。当公主走进宋太祖的房间里时，父亲见到女儿的打扮，只觉得一阵眼花缭乱，心想：女儿今天穿的这是件什么衣服呀？他走近一看，嗬！这衣服还是用金线缝制的呢！女儿看到父亲这样上上下下细细打量她的衣服，满以为会得到一番称赞呢。

谁料，宋太祖却把脸一沉，严肃地说："你快把这件衣服给我脱下来，以后不许再穿！"

公主听到父亲的批评，心里很不高兴，嘟嘟囔囔地说："穿件漂亮衣服有什么不可以的，我是公主呀！"

父亲语重心长地对女儿说："女儿啊，想当年，齐桓公喜欢穿紫色的衣服，结果全国的老百姓都跟着学，弄得紫布的价格一下子上涨了很多，甚至一时都难以买到。你是公主，你的生活条件就已经够优越的了，为什么还要带头铺张？正因为你是公主，你一带头穿这样昂贵的衣服，必然引起宫内宫外许多人的效法，这样一来，你知道要浪费多少钱财呀！"

父亲的一番话，使女儿理屈词穷，不得已只好把那件衣服脱掉了。但心里还是不服气，总觉得这没什么了不起的。

过了一些日子，公主看到父亲要坐轿出门。父亲乘坐的那顶专门的轿子，早已褪了色，显得很旧了。有人劝宋太祖说："陛下，您是一国的皇帝，出出进进总是乘坐这么一顶陈旧的轿子，也该用黄金装饰装饰了吧！"

宋太祖说："我是一国之主，掌握全国的财政大权，要说把宫殿用黄金装饰起来，也能办到，何况是一顶轿子！古人说：'让一人治理天下，不能让天下人供奉一人。'如果我一人带头奢侈，必然会出现更多的人奢侈。到那时候，全国的老百姓就都会怨恨我，反对我，对我议论纷纷。你们说，我怎么能带头那样做？"

公主在一旁听父亲这么一说，再一看父亲仍旧乘坐那顶陈旧轿子出门了，她感到十分惭愧。她细细琢磨父亲讲的每一句话，觉得句句在理。从那以后，她一直铭记父亲的谆谆教诲，俭朴地度日。

宰相夫人也要下厨房

宋代谏议大夫陈省华（公元939年～公元1006年），有三个儿子。大儿子陈尧叟中状元后，当了宰相；二儿子陈尧咨中状元后，当了节度使；三儿子陈尧佐中进士，后来当了丞相。

这一家父子全是显贵，社会地位很高，所得俸禄也不少。可陈省华却让妻子每天带着儿媳妇下厨房做饭。他说："官职越高，越要严于律己，这样，才能取信于民啊！"

大儿子陈尧叟的妻子出身名门，是当朝工部尚书马亮的女儿，在家时很受娇宠，从未下厨房做过饭。她虽很不情愿，可公公这样吩咐了，也不得不下厨房。过了没多久，她实在不想干了，一天晚上，对丈夫说："你是当朝宰相，我是宰相夫人，还要天天下厨房，烦死人了。你跟你父亲说说，免了我下厨房吧。"陈尧叟摇了摇头，说："我父亲对家人要求一向非常严格，说一不二，我可不敢去说。"

第二天，陈尧叟的妻子便找个借口回娘家去了。见了父母，便哭诉了公公让她天天下厨房的事，并且要挟说，要再让她下厨房，就永远不去陈家了。父亲马亮一听，皱起了眉头，心想：陈家怎么能这样呢。看女儿哭得像个泪人儿似的，父亲的心也软了，对女儿说："好吧，我找亲家说说，以后不让你下厨房了。"听到父亲的话，女儿破涕为笑了。

一天，在上朝的路上，马亮遇上了陈省华，两人下车并肩而行。马亮说："亲家，我女儿从小娇生惯养，在家从没下过厨房，不会做饭。你就别让她一个人天天下厨房给全家做饭啦。"

　　陈省华听了，心里很不高兴，好像是说我陈家虐待他女儿了。陈省华按捺住激动的心情，平静地对亲家说："我没有让她一个人做全家人的饭。你的女儿只是跟着我那笨拙的妻子在厨房里打打下手罢了。她年纪轻轻的，连下手也不去打，难道每天让她婆婆一个人做全家人的饭吗？"

　　马亮听说每天主持做饭的是陈省华的妻子，女儿的婆婆，他很感动，惭愧而又诚恳地说："亲家，对不住，我不了解情况。你做得对，我的小女就烦请你多多管教吧，明天我就让她回去。"

　　不仅公公这样坚持，而且父亲也赞成，女儿只好跟婆婆下厨房做饭，她再也不抱怨了。

阻儿卖恶马

宋代谏议大夫陈省华的三个儿子，个个在朝中做了大官，这不是偶然的，同他严于教子有直接关系。

陈省华的二儿子陈尧咨，在年轻的时候，有一次牵着一匹高头大马走到一个集市上，立刻有很多人被这匹骏马吸引住了。它又高又壮，足有一人多高，浑身皮毛油光发亮的，像是闪光的缎子；四只蹄子走起路来，格外有劲，踩在地上是个坑，碰到石头直冒金星。围观的人们，没有一个不称赞这是匹好马。

陈尧咨呢，听到这么多人称赞他的马好，不由得得意洋洋。很多人都认识陈尧咨，因为他的箭法好，远近闻名，他能拿铜钱作靶子，箭能从铜钱中间的方孔中不偏不倚地穿过去。今天，他牵了这样一匹高头大马，人们能不感兴趣吗？很多熟识的人都凑上前来，问这问那。这时，一位过往运货的商人走过来，端详了一番，出手给了一个大价钱，立即成交，把马牵走了。

陈尧咨拿了钱，乐滋滋的。走在回家的路上，他轻松地舒了一口气，自言自语地说："这下可好，省去了多少麻烦事呀！"原来，他卖的是一匹不听使唤、没法驯服的恶马。这家伙脾气可大了，它那高高的背上，既不让驮货，又不让人骑。说不定什么时候，它就抬腿踢人，张口咬人，已经不是一两个人受它的伤害了。这匹马在家里养了多年，谁也驯不服它，成天给它吃得饱饱的，在那里闲着。"这回，我可为陈家办了一件好事啊！"陈尧咨这样想着，情不自禁地独自笑了起来。

　　就在卖掉那匹马的第二天早上，他的父亲陈省华在散步时经过马棚，发现那匹恶马不见了，就立刻追问家人，恶马到哪里去了。家人告诉他，说陈尧咨把它给卖掉了，还卖了一个好价钱。

　　陈省华一向为人正直，从不做昧良心的事，从不坑害别人。他听说把那匹恶马卖了，立刻把三个儿子都召到屋里，十分生气地问："是谁把那匹马给卖了？"陈尧咨说："是我。""你跟人家说那匹马的情况了吗？""没有。要是说了，谁还敢买呀。"陈省华一听，更生气了，厉声训斥道："你只知道咱们家省事了，为什么不替别人想想？那匹马在咱们家，有专门养马的人，多年调理，都没调理好，你卖给一个生人，又不了解那匹马的脾气，那能不出事吗？能不伤人吗？你怎么能昧良心干这种事呀！还不快去把马给我追回来！"

　　陈尧咨立即骑上马，去追赶那位运货的商人，跑了很远很远的路。幸好，那商人还没有用那匹马驮货。他跟买马人讲明了真实情况，道了歉，退了钱，又把马牵了回来。

　　从这个故事中，可以充分看到，陈省华对子女做人的要求是相当严格的。也正是由于陈省华治家、教子严格，才造就出了三个有作为的儿子。

铁面无私

马仁瑀是北宋一位著名的勇将，夏津（今属山东）人。他武艺高强，曾跟宋太祖赵匡胤平定天下，立下了许多战功。他为人正直，严于律己，所以很受宋太祖的器重。宋太祖初建帝业，为了加强对边疆和地方的控制，便派出一些得力而且信得过的军事将领，去各地担任防御史。开宝四年（公元 971 年）6 月，马仁瑀被派到瀛州担任防御史。

马仁瑀去瀛州上任时，他哥哥的一个儿子也随同前往。他哥哥早亡，侄子从小跟随他生活，由于娇生惯养，他长大以后，仗着自己的叔父是朝廷重臣，在社会上和一些流氓无赖混在一起，无恶不作，是个远近闻名的"花花少爷"。

一天，他来到一家酒店，酒店老板早已知道他的底细，见他进来，就好生服侍，端出佳肴美酒供他吃喝，生怕得罪了他。这小子见到满桌的好酒好菜，就像牯牛进了菜园那样贪婪，喝得酩酊大醉。

傍晚临走时，把桌子一掀，哗啦一声，杯盘满地。他若无其事，摇摇晃晃地往外就走，谁知恰在这时，有个青年从门外进来，猛不防跟他撞了个满怀。他趔趄了一下，上前一把抓住那个青年的脖领，抡起拳头就往青年头上猛揍。不一会儿，那个青年就被打得昏倒在地上。这样他还不肯罢休，趁着酒兴，索性站到青年身上，在腹部猛跳了几下，可怜那个无辜青年，立即就死在他手下了。

众人把他扭送官府。司法机关很快审清了这个案件，依照法律，应该判处他死刑。这事被马仁瑀的一个老部下知道了，连忙跑到受害者的家中。见受害者的老父是一个孤苦伶仃的平民百姓，他就一边威胁，一边劝诱地说："老头子，打死你儿子的，你知道是谁吗？我告诉你，他不是别人，是马仁瑀的亲侄子！他侄子不过是因为一时酒醉，误杀了你儿子。你若是放聪明一点，只要你到司法机关去承认，就说你儿子是被误杀致死的，平时并无什么宿怨。这样他侄子就可以从轻发落，免于一死。那么，你不但可以得到棺材和钱物，就连你晚年的生活问题，我们也可以给你包下来。你若不识好歹，连你的老骨头恐怕也要被砸个粉碎！"

老汉耳聋眼花，身体虚弱，无依无靠，哪里还经得住这般威胁，只好含恨到法司去承认自己的儿子是被误杀致死的，同意对凶手以过失论处。

马仁瑀的那个部下把事情办妥之后，很是得意，跑去向马仁瑀邀功请赏。马仁瑀一听说自己的侄子竟敢在外面胡作非为，滥杀无辜，十分气愤。他严肃地对那个老部下说："正因为我当了大官，我的侄子才敢这样仗势胡作非为，草菅人命。这完全是恃势作恶，哪里是什么'过失'！这种欺压百姓的歹徒不除，不足以平民愤。你跑到老人家面前，狐假虎威，不但不抚恤安慰受害者的亲属，反而明目张胆去威逼人家，更是无法无天，伤天害理！"

马仁瑀越来越气愤，最后，义正辞严地对那个老部下说："告诉你，我决不会领你的情，我还要处理你！我怎么能因为凶手是我的亲侄子，就昧着良心徇私枉法，宽恕凶手。杀人是要抵命的。我要请法司依法判处我侄子的死刑！"

那位老部下本来是想拍马屁，讨好上司的，没料想反而受到一顿训斥，讨了个没趣，只好悄悄地溜走了。

后来，马仁瑀的侄子终于被依法判处了死刑。为了抚恤被害者家属，马仁瑀还派人把棺材、钱物送到受害者家中，妥善地处理好了后事。老人对马仁瑀十分感激。当时，人们都称颂马仁瑀铁面无私，是个好官。

教子敬严师

宋太宗赵炅（公元 939 年～公元 997 年）是北宋初年的一个皇帝。他是北宋第一个皇帝宋太祖赵匡胤的弟弟，原名赵匡义，后改为赵光义，即位后又改为赵炅。公元 976 年～公元 997 年在位。在位期间，他实行一系列政策，采取一系列行动，加强了专制主义中央集权，促进了社会生产发展。

宋太宗子女众多，在孩子们很小的时候，太宗赵炅想到：自己的孩子们长年生长在深宫后院，不知道人世间的事该怎么处置，这对他们今后参政、掌权是很不利的。于是，他请来了一些有德行、有学问的人给孩子们做老师，辅导他们的品德和学业，并一再嘱咐这些老师要严格要求，尽职尽责。

宋太宗的第五个儿子叫赵元杰，被封为益王，这是个挥金如土的花花公子。来到益王府给赵元杰作老师的，是一个叫姚坦的人。姚坦字明白，开宝年间任尚书。此人平时办事认真，思想作风正派，坚持原则，很有主见，有时候甚至有几分"固执"。宋太宗很赏识他。

有一次，益王赵元杰在府邸中建造了一座假山。假山雄伟壮观，规模巨大，耗资数百万两白银。假山造成之日，益王召来许多宾朋僚属，在假山前大摆宴席，祝贺假山竣工。众人阿庾奉迎，讨好益王，纷纷称赞假山的雄姿。姚坦呢，作为益王赵元杰的老师，不能不上席作陪。可他却低着头，心事重重，郁郁不乐，对那座假山没有说半个"好"字。益王趁着酒兴，非要老师姚坦表态不可。姚坦不好推辞，缓缓抬起头来，翻了翻眼皮，略有点激动地说："这哪里是什么假山，我看到的却是一座血山！"益王没想到老师竟说出这样的话，不禁大惊，逼问他为什么说是"血山"？姚坦看了看对他的话感到吃惊的人们，激动地说："我在乡下看到官府逼租，往往把农夫打得遍体鳞伤，血渍斑斑。这座假山就是用百姓们的租税建造的，这不正可以说是血山吗！"

姚坦的一席话，使在座的客人感到震惊，益王更是暴跳如雷："你好大的胆子，竟敢如此中伤我！"他当即把姚坦的"罪状"告到了父亲宋太宗那里。

宋太宗听后，沉吟半晌，深感姚坦的话在理，不但没有责备姚坦一句，还把益王赵元杰狠狠地训斥了一顿，并下令把假山立即给拆掉了。

　　姚坦这样不"顺从"，益王自然对他非常反感。有些心术不正的人，看到这是一个排斥姚坦的机会，就给益王出主意，要他装病。太宗听说爱子病了，很是着急，便召益王左右的人入宫，询问益王的病情。来人禀告说："益王本来无病，只是因为姚坦把他管束得太厉害了，益王感到心情压抑，是这样得的病。"太宗一听，知道这里边有人乘机要诬陷姚坦，便怒不可遏，斥责道："我所选用的都是德才俱佳的人做儿子的老师，目的是辅导他们德进业修，走正路。现在，你们这明明是要我赶走他这样正派的人！再说，益王虽在生活上不够检点，但还不会搞这些鬼名堂。他有什么病？这一定是你们这些人出主意教他装病的！"说罢，命令左右把来人打了一顿，给轰了回去。接着，太宗把姚坦召入宫来，当场表扬了他忠于职守，是一位很称职的老师。

　　由于宋太宗这样信任姚坦，益王赵元杰后来对姚坦确实是比较尊重了。在老师的严格教育下，他也有了改过自新的表现。

要先忧天下人

范仲淹（公元989年～公元1052年），字希文，苏州吴县（今属江苏）人。北宋政治家、文学家。进士出身。少年时家境贫穷，刻苦读书；做官后为官清正，忧国忧民。他不仅以"先天下之忧而忧，后天下之乐而乐"的信条严于律己，而且还以此教育儿子们。

范仲淹61岁时，从邓州（今河南邓县一带）调到杭州任知州。这一年，他的二儿子范纯仁考中进士。因母亲去世，大哥有病，纯仁不愿远离年迈的父亲，便弃官不做，也回到杭州。

纯仁回到杭州以后，听父亲的一些朋友说，父亲近来好像有引退之意，并劝他们做儿子的应考虑给父亲安排一个养老之地。纯仁是有名的孝子，就找弟弟纯礼一起去同父亲商量这件事。他对父亲说："父亲，您年纪这么大了，身体又不好，我们想在河南府（今河南洛阳市）给您建造一处住宅和花园。一来是为您老能安度晚年，二来也是尽我们做儿子的一点孝心。不知父亲意下如何？"

"这不成，不成……"范仲淹连连摆手说。

三儿子纯礼说："父亲，别人在河南府建造了那么多住宅，我们为什么就不能建造呢？"

父亲说："孩子，我这一生没有什么特别的追求。一个人如果有了精神上和道义上的快乐，即使是房无一间，赤身露体地躺在漫天野地里，也会感到无比的高兴。何况我现在这不是还有房住吗！"

说到这里，范仲淹问两个儿子："我写的《岳阳楼记》，你们不是已

经读过了吗?"儿子们点点头。接着,范仲淹严肃地说:

"在那篇文章中,我抒发了自己先天下之忧而忧,后天下之乐而乐的情怀。如今,我怎么能无忧无虑地去独自享清福呢。我现在倒不担忧我退下来以后没有好的居住条件,我担忧的却是那些应该从高位上下来的人不愿下来。关于建住宅的事,以后你们谁也不要再提了。"

两个儿子听了父亲的一席话,不再说什么了,更加敬佩父亲。等儿子们走后,范仲淹的心情怎么也平静不下来。他想:自己年纪越来越大,身体也不行了,那手里积蓄的一些俸禄,不建住宅,又该怎么处理呢?

这年的中秋佳节,一轮明月悬挂在天空。此情此景,触动了范仲淹的心绪,不由得给坐在身边的几个儿子讲起了往事:

"我小时候,你们的奶奶带我逃难到了山东。因家里贫穷,10多岁我才上学读书。那时,我常常自己煮些粥,等它凝成冻儿以后,用刀子划成四块,早上吃两块,晚上吃两块,作为一天的主食;副食呢,更简单,切几条咸菜就行了。我刚刚做官的时候,俸禄很少,你奶奶没享过什么福。后来,我的俸禄多了,可你奶奶又早早地离开了人间。她老人家这一辈子真苦命呀!"

范仲淹看儿子们都低着头,显得很悲痛,他自己心里更难过。稍停了一下,意味深长地说:"你们兄弟几个,从小没吃过什么苦。现在条件更好了,我最担心的是你们会不会丢掉咱们范家的勤俭家风。"

儿子们知道父亲一生俭朴,以艰苦为荣、为乐。他虽位居高官,还是很清廉,从不奢侈,对孩子们要求也很严格。纯仁记得清楚,他娶妻时,父亲听说他妻子想以罗绮为帐幔,很生气。父亲对家里人说,我家向来清俭,用罗作幔,岂不是败坏了我们的家风?如果执意要这样做,我就要把它扔到院子里烧掉。儿子们想到这些,忙回答说:"父亲,你放心,我们一定要保住我们的勤俭家风。"

"这很好。我死后也可瞑目了。不过,这些年来,我也积攒了一些钱财,你们看怎么处理呢?"听了儿子们的回答,范仲淹很高兴,并趁此机会又提出了这个问题。

见儿子们没有马上回答,又故意追问道:"你们的意思,是给你们兄弟几个分掉？"

"不，不，我们都不要。"几个儿子几乎是异口同声地说。

"那该怎么办呢？"

范仲淹从不把自己的意见强加给孩子们。他善于启发、诱导，叫孩子们自己去考虑。二儿子范纯仁先回答说："父亲您在边防时，曾把钱财分送给艰苦奋斗的士兵；在邠州（今陕西省彬县）时，又周济那里的老百姓。如果还像您过去那样，把积攒的钱财分给穷苦百姓，不是很好吗？"儿子们都同声说赞成。

　　范仲淹听儿子这么一说，由衷地高兴，他欣喜地感到，自己已经后继有人了。"好啊，你们看，咱们父子想到一块去了！"范仲淹发出了爽朗的笑声，"孩子们，将来你们做官，一定要保持咱们的家风，千万不能只顾自己享乐，要做先忧天下之人，为国家和百姓多做些有益的事情。"儿子们表示，决不辜负父亲的期望。

　　抬头望天上的明月，范仲淹感到今天的月亮格外地圆、格外地明亮。

教子戒谎

　　司马光（公元 1019 年～公元 1086 年）是北宋大臣、著名的历史学家。字君实，陕州夏县（今属山西）涑水乡人，世称涑水先生。他曾任天章阁待制兼侍讲知谏院，后任尚书左仆射兼门下侍郎。曾花 19 年的功夫主持编写了一部历史巨著——《资治通鉴》。他一生为人正直、为官清廉，是一位很有作为的政治家。

　　司马光出生于一个世代读书做官的人家。其父司马池是一个很有才华、很有作为的人，从司马光小时候起就对他要求特别严格。

　　司马光小时候特别聪明。有一次，几个小朋友在院子里玩耍，院子里放着一口盛满水的大缸。一个小朋友爬到缸沿上去玩，不小心掉到水缸里。缸很深，小朋友挣扎着，上不来，其他小朋友拉也拉不上来。有的小朋友赶快跑着去喊大人，眼看那小朋友快被淹死了。这时，司马光灵机一动，抄起一块大石头将水缸撞破，水从破缸流出来，小朋友得救了。大人们赶来，都称赞司马光很机灵。此事被时人画成一幅《小儿击瓮图》，广泛地流传开来。

　　司马光聪明伶俐，谁见了谁夸。听到人们都称赞他，司马光有点飘飘然了。

　　这一年秋天，院里的核桃树上长满了核桃，司马光和姐姐捡了一些掉在地上的核桃，在堂屋里"乒乒乓乓"地砸开了。司马光把剥出来的核桃仁放到嘴里一嚼，立刻就吐了出来，一边吐一边喊："真涩，真涩！"姐姐看到他那龇牙咧嘴的样子，禁不住笑了起来："吃核桃仁，要把外边那层嫩皮剥掉!"司马光按姐姐说的那样去剥皮,可那层皮薄得很,实在不好剥。他用小手一点儿一点儿地抠,抠了半天也抠不下来。

这时候,正好一位使女进屋来送开水,她看见司马光那样费劲的样子,觉得很好笑,就教给他说:"核桃皮这样生抠不行,把核桃仁放在茶碗里,用开水一泡,再稍微一搓,那皮就掉了。"司马光按使女的方法一泡,果然很灵,核桃仁的皮轻轻一搓就掉了。司马光特别高兴。这时,姐姐回到屋里,看弟弟剥皮的方法很妙,就问他:"是谁教给你这个好法子的?"司马光神气地说:"是我自己想出来的呀!"姐姐笑了,夸奖弟弟说:"还是我小弟弟聪明!"

　　孩子们在外屋说话的声音，早已传进了坐在里面读书的父亲司马池的耳朵里。他已经觉察到司马光近来有点儿骄傲，今天竟然还说起谎来，他不能不管了。于是，司马池放下书，走到堂屋，问司马光："父亲问你，这法子是你自己想出来的吗?"司马光支支吾吾地说："是……不是……"在父亲严厉的目光下，司马光把真实情况说了出来。父亲对他说："你们在堂屋里说的话，我全都听见了! 一个人聪明是好事，但更要老实，不能说谎。说谎的人是最傻的，既害别人，又害自己，一个人不诚实，别人就不会相信你。失信于人，就没有威信，让别人看不起，将来也不会有什么作为。父亲不喜欢说谎的孩子，希望你要做一个诚实的孩子。"司马光低着头，向父亲认了错："父亲，是我错了，我一定改。"

　　司马池不仅在思想品德方面严格要求司马光，在读书学习方面也抓得很紧、很严。他要求司马光读书不仅要知其然，而且要知其所以然，要真正读懂。还要求他读书要有选择，不能见什么书都读。为了开扩司马光的眼界，他还带司马光到各地游览，参观名胜古迹，大大地充实了司马光的头脑。

　　在父亲的精心培育下，司马光进步很快，刚刚 20 岁，便考中了进士。后来，在朝中做谏官，他忠于职守，经常给皇上提出很好的建议，勇敢地揭露贪官污吏，以为官清正廉洁著称。

教子成"大家"

苏洵（公元 1009 年～公元 1066 年）字明允，眉州眉山（今四川眉山）人，宋代著名的古文家。他和他的两个儿子苏轼、苏辙，在当时都很有名望，被称作"三苏"。

古《三字经》说："苏老泉，二十七，始发愤，读书籍。"相传苏洵27 岁才开始发愤读书。参加进士考试落榜后，更加刻苦学习，曾熟读经史百家著作，写起文章来下笔千言，顷刻而就。宋仁宗嘉祐年间，他的文章经翰林学士欧阳修推誉而著名于世，一时间许多学者、文人都去模仿。苏洵曾任秘书省校书郎、霸州（今属四川省）文安县主簿。后来参与编著礼书，写作《太常因革乱》一百卷。书成后就死去了。

苏洵的散文笔力雄健，议论风发，颇有气势，是继承《孟子》和韩愈论文的传统风格而形成的。他的叙事文较少，史论和政论都很有名。这些文章观点明确，论据充实，语言精炼，善于反复辨析，很有说服力。主要作品有《权书》《论衡》等，纵谈古今形势及治国用兵之道，带有战国纵横家的色彩，著有《嘉祐集》。

苏洵的两个儿子苏轼和苏辙，自幼潜心苦读，通习百家之文，后来都成了杰出的文学家。尤其是苏轼，成就更为卓著，不仅散文、诗词名震天下，就是书法、绘画也属稀世之宝。苏氏兄弟能有如此非凡的成就，除了他们自己的努力之外，其中也有父亲苏洵的一份功劳。

苏洵年少时并没有下苦功读书，曾经荒废了一段宝贵的年华。鉴于这方面的深刻教训，他对两个儿子及早就进行了精心培养。还在苏氏兄弟幼年时期，苏洵就开始认真教他们识字读书了，并经常谆谆教诲他们，要知书达理，学成文韬武略，将来好成就一番事业。

那时，苏家的藏书相当多，一有机会苏洵就领着苏轼、苏辙到书房去学习。从先秦百家著作，至两汉诗赋、唐代散文以及当朝欧阳修的作品，都一篇一篇地教两个儿子诵读、书写，而后又逐字逐句地给他们讲述。苏洵壮年以后博览群书，见识深广，对各家著作都很有研究。因此，他的讲述往往简练、准确、精当，能抓住要害。加上"二苏"聪颖好学，没几年功夫，前人的许多经典著作他们都已经学通了。

苏轼、苏辙年龄稍长，苏洵便开始辅导他们写文章了。他反复告诫两个儿子说："写文章要有自己的真知灼见，切不可因袭他人；要'言必中当世之过'，像五谷能充饥、良药可治病一样，能解决实际问题。"

苏洵最反对那种浮华不实的"时文"，十分崇拜司马迁、韩愈和欧阳修等人的著作，时时要求儿子去学习这些文章大家们的写作技巧。苏轼十来岁时，苏洵就叫他做《夏侯太初论》这样难度较大的论文，结果苏轼竟一气呵成，写得特别成功。文中有"人能碎千金之璧，不能无失声于破釜；能搏猛虎，不能无变色于蜂虿"一类的警句，苏洵看了赞叹不已。他还常让两个儿子模拟韩愈、欧阳修的文章，他们都模拟得很好。于是，他曾高兴地说："此子他日可能有所作为！"

苏轼、苏辙稍大一些以后，苏洵考虑到应该让两个儿子去从师学习了。他便四处查访良师，想送他们去深造。当时，他的家乡眉山地区有个叫刘微之的先生，在郡城西面的寿昌院做教授。这位刘先生学问精深，见识广博，待人谦恭，礼贤下士，很有一套为师治学的办法。当地许多有学问的人都出自他的门下。

苏洵了解到这一情况后，便领着苏轼、苏辙前去拜刘微之做老师。到了寿昌院，他向刘先生恳切地说明了来意，又唤了两个儿子过来叩见了老师；末了，还向先生一一介绍了兄弟俩的人品、学业，希望多加指教。

苏氏兄弟在刘微之那里虚心求教，终日勤学苦读，成绩一直名列前茅。为此，刘微之对他俩格外器重，平素写了诗文也喜欢让他们给提提意见。有一次，刘先生写一首《鹭鸶诗》，结尾两句是："渔人忽惊起，雪片逐风斜。"苏轼看了，觉得不大妥贴，就对老师说："先生，这首诗总的说来是首好诗，只是这结尾还有些不大明朗，叫人猜想不到'雪片'的归宿。是否改作'雪片落兼葭（jiān jiā，即芦苇）'好一些呢？"刘微之听罢，拍手道好，并且十分感叹地说："奇才啊！看来我是当不了你们的老师了！"

两兄弟渐渐长大成人了，做父亲的苏洵对他们寄予殷切的期望。为了进一步勉励他们奋发上进，他特地写了一篇《名二子说》，送给他俩：

轮辐盖轸（zhěn），皆有职乎车，而轼独若无所为者。虽然，去轼则吾未见其完车也。轼乎，吾惧汝之不外饰也。

天下之车，莫不由辙，而言车之功，辙不与焉。虽然，车仆马毙，而患不及辙，是辙者祸福之间。辙乎，吾知免矣。

这篇不足百字的短文，是苏洵借给两个儿子取名而引申，揭示"轼"和"辙"这两个名字比喻的含义，表达对儿子的期冀和告诫。苏轼自幼聪慧过人，读书过目不忘，作文落笔惊人。父亲担心他锋芒太露，不刻苦耐劳，就以"轼"——车前用作扶手的横木来象征他。于是，在文章中说：轼啊！你不要像车前那根无所作为的横木，外露而不加掩饰，没有多少真本事。苏辙性格温良，处事谨慎，父亲对他是放心的，就以"辙"——车子运行留下的轨迹来象征他。于是，在文章中说：辙啊！我知道你温良谨慎，处在福祸之间，你不会出差错的。我希望你保持自己的长处。苏洵的这篇《名二子说》，言简意赅，在极其凝炼的文字中包含着非常丰富的内容。

我国古人主张"读万卷书，行万里路"。苏洵一向不大赞成闭门读死书，他希望儿子也能像他自己早年一样游历天下，增加阅历。因此，当苏轼21岁、苏辙19岁的时候，他便亲自带他们出川游览，拜访名师大家，增广见闻，开扩眼界。

苏洵有才学出众的两个儿子，自然是万分高兴，对他们寄予殷切的期望。只可惜家乡四川眉山地处偏僻，没有"伯乐"，无人识得这几个"千里马"。

苏洵知道，"千里马"常有，而"伯乐"不常有。于是，他千方百计地要寻找"伯乐"。后来听说成都有个张方平，非常爱惜人才，一时名重天下。他就领了两个儿子，跋山涉水，晓行夜宿，从眉山一直赶到成都去拜见此人，要他举荐。

张方平真算是个热心肠。他认真地读过了这父子三人的文章，十分惊讶，不禁暗暗赞叹。于是他把"三苏"叫到会客厅，郑重其事地说："你们不愧为奇才，推荐给一般的人不行，必须举荐给当今第一人，才不致屈了你们！"张方平所说的"当今第一人"，正是当时的文坛领袖、翰林院大学士欧阳修。

张方平设宴招待了父子三人之后，就给欧阳修写了一封热情洋溢的举荐书信，同时再三建议苏氏父子一同进京应考。他还不惜花费，亲自派人将他们一直送到京师。

欧阳修更是个珍惜人才的热心人，他见苏氏父子千里迢迢来到京师，格外感动。阅过了张方平的荐书，了解到张方平对"三苏"十分推崇之后，他便急不可待地去看他们的文章。还没有全部看完，就不禁拍案大声叫绝："笔挺韩（愈）筋，墨凝柳（宗元）骨，后来文章当属此三人矣！张方平可谓举荐得人。"

欧阳修当着"三苏"的面，把他们称赞了一番，未曾多留，就领他们去见当时的宰相韩琦。韩琦见了苏氏父子，也很高兴。看了他们的文章，感叹地说："议论风发，文字优长，倘能为国家出力，真是朝廷的福气了！"从此之后，"三苏"的才名便轰然传遍了京城。

本来，苏洵原打算和儿子一起参加考试。但临近考试时，苏洵托病没去参加考试。人们动员他，他也没有听从。其原因大概是觉得：父亲与儿子同入考场，自古罕见；再说年轻时曾屡屡应试，屡屡名落孙山，怕此次万一还不中，岂不贻笑大方？

嘉祐二年（公元 1057 年），举行的进士考试结束了，苏轼、苏辙同时名列前茅，考得十分顺利。欧阳修拿着他们的文章给别人看，并且说："恐怕到了 30 年以后，人们只知道有苏文，不知道有我欧阳修的文章了！"

当时的仁宗皇帝也很看重苏氏兄弟的文才，朝罢回宫，他喜形于色地对太后说："我今日得二文士，是四川的苏轼、苏辙。可惜我老了，恐怕不能对他们多加重用，只好留给后人了。"不久，便对兄弟俩分别委派了官职，叫他们各显身手去了。

苏洵没有参加考试，人们无不为之遗憾。但是，由于他的威望高，才气也大，因而朝廷也给了他个秘书省校书郎的职位。

比起父亲来，苏轼、苏辙的科场考试真是顺利多了，容易多了。苏洵有感于此，曾作了下面一首小诗：

莫道登科易，老夫如登天。
莫道登科难，小儿如拾芥（jiè，小草）。

常言道："会者不难，难者不会。"苏轼、苏辙的学识，看来比父亲苏洵更深厚，更扎实。而他们的文学成就，也远远超过了父亲。儿子胜过了老子，作为父亲的苏洵当然觉得脸上光彩，心里也甚为得意。那"莫道登科难，小儿如拾芥"的诗句，就流露出了一种难以掩饰的自豪感。这不正是他所殷切期望的吗？

人活着要有价值

　　文天祥（公元 1236 年～公元 1283 年）是南宋大臣、爱国诗人、民族英雄。字履善，一字宋瑞，号文山，吉州庐陵（今江西吉安）人。理宗宝祐四年（公元 1256 年）中进士第一名。曾历任刑部郎官、右丞相等要职。坚决主张抗击元军南下，并带兵坚决抵抗，收复许多失地。1278 年被元军俘虏，元将写信诱迫他投降，他坚决拒绝，作《过零丁洋》诗以明志，其中"人生自古谁无死，留取丹心照汗青"这一千古名句，曾激励过无数仁人志士为国为民战斗不息。

　　文天祥的父亲文仪，饱读经书，具有很高的文学修养。为使儿子早早学得知识，增长才干，在文天祥幼年时，文仪就亲自教他认字读书。在父亲的严格管理和训练下，文天祥不到 10 岁，就能够按照父亲给他规定的作息制度，按部就班地读书了。

　　为了儿子的学习，文仪买了大量的书。每次出门，只要看到好书，哪怕手头不便，脱下衣服换了钱，也要买回来。他家那间横匾上写着颜体《竹居》的书斋里，四壁图书，琳琅满目。文仪买了新书，总要自己先学，有什么心得，也总是首先讲给文天祥听，然后，再让他去传授给兄弟们。一次，文仪读到春秋时齐国贤相晏婴敝车羸马的事，大为赞叹，他和儿子一起称颂不已。

　　文仪平时还很注意通过生活中有意义的现象，对儿子进行教育。他家书斋窗外长着一片翠竹，到冬天，有时天上飘着雪花，它还显得那么有精神。父亲就用翠竹不畏严寒，顽强挺立的风格，教育儿子文天祥，说我们人也应该学习它的这种风格。

一次，父子俩路过学宫。学宫的墙壁上有许多人物画像，文天祥一看，很感兴趣。文仪就趁机把人物画像一幅一幅地给他作介绍。他指着欧阳文忠公的画像说，这是一位大文学家，写过《醉翁亭记》《丰乐亭记》等有名的文章，还写过许多诗篇。过去许多文人写的都是风花雪月，专门在表面字句上下功夫，不讲究内容如何，直到欧阳文忠公才开始扭转这种风气。

又介绍胡铨，胡忠简公，说他反对奸臣秦桧，曾大声疾呼："不斩秦桧和他的走狗，国家就要灭亡了！"当时秦桧权力相当大，他想杀一个大臣，易如反掌。而胡忠简公为了民族尊严，竟把生死置之度外，这种精神是多么可敬可佩！

父亲最后介绍了杨邦义，杨忠襄公，说他也是南宋初期的一位忠臣，金兵占领建康（今南京市），当时任建康通判的杨邦义坚决拒降，坚贞不屈，视死如归，最后被金兀术开膛挖心，壮烈牺牲。

文仪看儿子心情很激动，就对文天祥严肃地说：

"孩子，人生都有一死，但是要死得有价值。一个人如果庸庸碌碌地活了一辈子，没有给国家出过力，那么，在他临死的时候，是会感到惭愧的。杨忠襄公为了保持南宋的民族尊严而牺牲了自己的生命，后世子孙，永远尊敬他、怀念他。这样的人才算没有白白地活在世上。

"当然，这道理人人都懂得。可是一旦到了危急关头，真正能够像杨忠襄公那样宁死不屈的人，毕竟是太少了。为了保全自己身家性命而丧失大节的人，在历史上屡见不鲜！"

说到这里，文天祥完全理解了父亲的心思，明白父亲希望他成为什么样的人。他对父亲表示说："父亲，我已经16岁了，快成大人了，你讲的道理，我都懂。将来我长大了，如果处在治世，我就要辅佐君王，使国家富强，让老百姓安居乐业；如果国家一旦遭到敌变，我就要带兵杀敌，与社稷共存亡，绝不丧失大节！"

看到儿子逐渐变得成熟，父亲十分高兴。

文天祥刚满20岁，便考中了贡士。一家人都为此而高兴。父亲嘱咐他说:"不久,你就要上京城去考进士了。你知道,能有这样的机会,是不容易的。你应当多考虑一些安邦定国的大计。这倒不是单纯为了应付考试,重要的是,你一旦考中了进士,就要在朝廷或地方上供职,那时很需要你有这方面的实际才能。只是能写一手锦绣般的诗文,是无济于事的。"

父亲的话,文天祥记在了心里。

这年腊月半,文天祥由父亲陪同前往京师临安(今杭州市)应试。在西湖边,他们看到士大夫们醉生梦死的景况,心情十分沉重。父亲不禁低声吟起诗人林升的一首七言绝句:

山外青山楼外楼,西湖歌舞几时休!暖风熏得游人醉,直把杭州作汴州!

吟罢,文仪长叹一口气。他激动地对儿子说:"天祥,假如你侥幸能参加殿试,无论如何要在策论中,毫无保留地把你对时局的看法陈述出来,哪怕得罪朝廷,甚至遭杀身之祸,也不要畏惧!"

儿子没有辜负父亲的教导和热切期望。1256年,他在殿试中,名列一甲一名,中了状元,不久,文仪病故。文天祥失去了父亲,失去了良师。

父亲的苦心没有白费,儿子牢记父亲的教诲,在出任丞相领导抗元斗争中,坚决勇敢,不屈不挠,出生入死,立下了丰功伟绩。

不食嗟来之食

曹鉴，字克明，元朝时期宛平（今属北京）人。曾任礼部尚书。他博学多才，精通五经，善写诗文。他一生为官三十多年，以廉洁耿直著称。

在元朝初年，曹鉴离开大都（今北京），到几千里地之外的湖南、广东一带去做官。在他所管辖的湖南麻阳地区，有他的一个故交，叫顾渊白，多年来在县里当一个小官——"主簿"，负责管理文书和印鉴等事务。

一对老朋友，多年没见面了。当曹鉴到任不久，顾渊白就托人送来一个小包裹，并且附了一封信。曹鉴打开信笺，以满怀欣喜的心情仔细地读着。信中写道，得知曹鉴远离家乡，到湖广一带来，他表示热烈的欢迎。信中还特别询问曹鉴的旧病是否治愈，并送上一包当地产的朱砂，说这种药治疗曹鉴的失眠、心慌等病症效果不错，请收下。

曹鉴读了老朋友顾渊白热情洋溢的信，十分感动。他真没有想到，能在这里遇上多年不见的老朋友。当时，曹鉴刚刚到任，有许多公务正等待亲自处理，而且那时身体状况还好，旧病没有复发，对于顾渊白的热情欢迎和慰问就心领了。他托人送来的朱砂包，曹鉴也未打开看看，就先让儿子原封不动地暂时存放起来。

一晃半年过去了。有一天，听人说顾渊白不幸去世了，曹鉴很震惊。他后悔到任这么长时间，成天是公务缠身，也未曾去见一见顾渊白，今后，再也见不到老朋友了。曹鉴为失去这样一位老朋友而悲痛。他突然想起，在他刚刚到任时，顾渊白曾托人送来一包朱砂，就让儿子赶快取来，要看一看故去的老朋友留给他的遗物，以表达深深的悼念之情。

可是，儿子去了老半天，也没有把朱砂送来，以为是朱砂找不到了，曹鉴就急不可待地到后屋去看个究竟。来到儿子身边，发现儿子正在看着打开的朱砂包发愣呢：只见那小包里，除了治病用的朱砂以外，还裹藏了几两黄金！

曹鉴一下子全都明白了，原来顾渊白是想借老朋友的地位和手中的权力，谋求自己的升迁啊。曹鉴不由得连连摇头，叹息："渊白啊，渊白啊，我的老朋友，你把我当成什么人了！"然后，又不无遗憾地自言自语

地说："我要早知道是这样，应该开导他几句话呀。真遗憾，我还未来得及，他就先走了……"

儿子没有听清楚父亲在叨念什么，把那几两黄金放在了手里，看了看父亲，低声说："父亲，顾伯父既然已经去世了，这件事没有别人知道。我看，这点金子咱们就用了吧？"

曹鉴一听，儿子竟说出这样的话来，不由得心里一惊。他痛切地感到，多年来，我只是忙于处理各种公务，无形中放松了对儿子的教育，儿子的思想竟发展到了这种地步。为此，他内心深处，非常沉重。他没有对儿子发脾气，因为他觉得儿子的变化，他作为父亲是有直接责任的。他耐心地给儿子讲了古往今来许多清廉之士的故事，告诫儿子说："古人说，君子不饮盗泉之水，不食嗟来之食。我们做人，要做这样的人。不是正路来的东西，一丝一毫也不能贪取！这种不明不白来的黄金，我们无论如何不能用。"然后，他让儿子赶快到顾渊白家里去一趟，一是代表他悼唁死者，慰问死者家属；二是将这些黄金原数奉还，以了却这件憾事。

父亲的行动，给了儿子极深刻的教育。

爱子胜金玉

明太祖朱元璋（公元 1328 年～公元 1398 年）是明朝的开国皇帝。1368 年～1398 年在位。幼名重八，又名兴宗，字国瑞，濠州钟离（今安徽凤阳东）人。

朱元璋出生在一个贫苦农民的家庭里，小时候讨过饭，给地主放过牛羊，17 岁时又投奔到皇觉寺当和尚。1352 年参加农民起义军，由于智勇双全，勇猛善战，在战斗中立了不少战功，逐步成为起义军的领袖人物。1368 年推翻元朝统治，建立明帝国。在位期间，他普查户口，丈量土地，均平赋役；兴修水利，推行屯田，并减轻对工匠的奴役。同时抑制豪强贪吏，制订《大明律》，废除宰相的职位，加强皇权，以巩固中央集权。为社会经济、文化的进一步发展提供了有利条件。

朱元璋在治理国家的同时，也很重视子女的培养教育工作。他曾经对太子们说："你们知道'进德修业'的道理吗？古代的君子，是德充于内，又表现在外。所以，他们器识高明，善道日多，恶行邪僻都退避三舍。你们要好好学习，加强自身修养。自己一旦修道已成，必能服人，贤者会集拢你的周围，而不肖者则会远避。能进德修业，则天下国家未有不治的，不然就没有不失败的。"在太子小时候，朱元璋就勉励他们要德才俱进，为日后治理国家奠定基础。

朱元璋认为，谁要是积攒了黄金，一定会拜求好金匠来打造它；要是有了美玉，一定会恭请好玉匠来雕琢它。对于自己有出息的子弟，如果不延请高明的老师来进行培养教育，那岂不是爱子弟还不如金玉了吗？

　　按照这种认识，在开国以后，朱元璋除了在宫中建造大本堂，收存古今图籍，聘请各地名儒，以儒家典籍教育诸子弟外，还精心挑选了一批有德行的士人，充当太子宾客和太子谕德，对诸子进行严格的、系统的封建"德行"教育，尤其注意发挥师长们的作用。

　　基于"连抱之木，必以授良匠；万金之璧，不付以拙工"的思想，洪武元年（公元1368年）立皇太子以后，他便委派开国重臣李善长、徐达、常遇春等人，分别兼任太子少师、太子少傅、太子少保。让他们"以道德辅导太子""规诲过失"，使太子有长足进步。特别是被称为"开国文臣之首"的朱濂，对太子的德行修养影响最大。

　　为了达到使诸子"进德修业"的目的，朱元璋还亲自给辅导太子的老师们制定了"教育方针"。他说："好师傅要给孩子们做出好榜样来，要因材施教，培养人才。我的孩子们，将来是要委以重任、治理国事的，诸功臣的子弟也要当官管事。教育他们的法子，最重要的是正心，正了心，什么事都可以办好；正不了心，各种私欲便乘虚而入，是要不得的。你们须以实学教导，不要学一般文士，只是背诵辞章，毫无好处。"朱元璋在这里所说的"进德"，当然是进行封建道德的修养；所谓"正心"，自然也是以封建道德规范为标准，其培养目标完全是造就封建统治者。但是，他强调以身作则、因材施教，主张以实学教导，反对一味背诵辞章，这些见解是很有意义的。

　　朱元璋不娇惯溺爱孩子们，坚决支持诸位老师从严要求他的儿子。有一次，一位老师因皇太子没有听从教导，失手用笔杆戳了他的额角。朱元璋知道后，听妻子马皇后说："哪有让裁缝做衣服，而又厌恶他合理剪裁的道理呢。"他觉得很有道理，不但没有处罚那位老师，反而奖赏并提拔了他。

　　除了选择优秀的老师以外，朱元璋还命令画工将古人行孝和他自己艰苦创业的事迹，画成图画，贴在孩子们出出进进可以看到的地方，让他们随时学习古人的善行，不忘前辈创业的艰难。他曾对儿子们说："我本是农家出身，是父祖辈积德养善，以至荫及于我。现在绘成这些图画，是要子孙后代知道创业的艰难，不敢以富贵自矜。"

朱元璋请人在屏风上抄录了一首唐人诗：

《上元怀古》

南朝天子爱风流，尽守江山不到头。

总为战争收拾得，却因歌舞破除休。

尧将道德终无敌，秦把金汤可自由？

试问繁华何处在，风雨烟草石城秋。

这是一首总结前朝盛衰荣辱历史教训的诗。朱元璋不仅自己朝夕吟诵不忘，也让皇太子们牢牢记住这一历史教训，免得他们重蹈历史的覆辙。

朱元璋不仅要子孙们懂得创业的艰苦，而且在思想行为上要求他们"戒骄侈""恤民情""用仁义""安养百家"，以便守住先辈创下的业绩。他认为，"戒骄侈"，就应该体现在"恤民"上。他指出，元朝灭亡的主要原因，就在于元朝末年，臣君荒淫无度，苛刻百姓，引起了农民起义。所以，他经常向诸子灌输"戒骄侈"和"恤民"的思想。他对太子说："你了解农家的辛劳吗？农家勤四体，种五谷，身不离田间，手不释犁杖，一年到头勤勤恳恳，不得休息，而国家经费都由之负担。所以，你要明白，常想到农家的辛劳，取之有制，用之有节，使之不至于饥荒，这样才算尽到为君子之道。"

朱元璋很注重在实际生活中锻炼和考察孩子们。他强调要勤俭朴素，反对奢侈浪费。一天退朝以后，他指着宫中一块空地对儿子们说："这地方不是不能盖亭台楼榭，我让工匠们留下这块地种菜，就是为了使大家都不忘耕种的辛劳。是勤俭还是奢华，这可是关系到国家的治乱安危啊！"朱元璋外出巡视时，常常带着儿子们，让他们接近老百姓，了解民间之事。有时还特意让他们去掉坐骑，步行去巡视民间。

朱元璋这样重视儿子们的培养教育，使他的儿子中的大多数都比较通情达理，长大后也有所建树。

青出于蓝而胜于蓝

李时珍（公元 1518 年～公元 1593 年），字东璧，号濒湖，蕲州（今湖北蕲春）人，明代杰出的医学家、药物学家。经过 27 年的努力，写出了一部 190 万字的中医学巨著《本草纲目》。这部巨著分 16 部 52 卷，收集药物 1892 种，附处方 11096 则。总结了 16 世纪以前我国劳动人民丰富的药物经验，对后世药物学的发展做出了重大贡献。《本草纲目》被译成日、英、德、法、俄、拉丁等多种文字，流传到许多国家，被誉为"东方医学巨典"。著名的进化论创始人达尔文读了《本草纲目》，称赞它是"中国古代的百科全书"。

李时珍之所以对我国及世界的医药事业做出卓越的贡献，除了自己的努力外，还直接得益于父亲的精心培养。

李时珍出生于一个世代行医的家庭里。父亲李言闻，号月池，是当时著名的医生。在总结医疗经验的基础上，著有《四诊发明》《人参传》等书。

古时候行医，不仅要管诊断，还要提供药物，给病人抓药。蕲州是一个出产药材的地方，李时珍小时候常常跟父亲上山采药，帮助切、研、炙、晒。在父亲的熏陶下，李时珍不仅懂得了一些医药常识，还对医药发生了浓厚的兴趣。

少年时代的李时珍，尽管对医药有浓厚的兴趣，但父亲起初并不愿让儿子终身行医。因为在封建社会里，医生的社会地位比较低，干这一行被人看不起。李言闻一心希望儿子考取功名，也好光宗耀祖，不再像自己一样受歧视。在父亲的督促下，李时珍 14 岁那年考中了秀才。后来，他连续三次去武昌参加考试，考举人，结果三次都落选了。什么原因呢？因为那时讲究门第与靠山，李家世代行医，门第既不高，也无靠山。再加上李时珍的兴趣和精力，都没放在八股文上，所以难以考中。为了应付考试，他还得了一场大病，险些丢了性命。李时珍决心不再应考了，向父亲提出要立志行医。父亲看他态度十分坚决，也就同意了。

李言闻极重医德，对儿子也要求极严。他一面向儿子传授临床经验，一面指导儿子攻读古典博物学、医学书籍。每天天不亮，李时珍就起床埋头苦读。像《内经》《伤寒论》《本草经》等医学、药学名著，他都精心研究过。传说李时珍年轻时，"读书十年，不出户庭"，可见他在学习理论方面是下了苦功的。

李时珍 24 岁那年，跟父亲正式行医。父亲告诫他："熟读王叔和（晋代著名医学家，著有《脉经》一书），不如临症多。"意思是说，学医必须多接触病人，努力实践，才能有成就。李时珍遵照父亲的教导，认真行医看病，在临床实践中积累了丰富的经验。他继承和发扬了父亲的医疗技术，灵活地掌握了"辨证论治"的治疗方法；他学习前人的经验，同时采用"经方""时方"，吸取民间验方；他兼施博用，外治、内服并举，曾治好许多疑难杂症。父子俩的医道和医术，受到了群众的热情称赞，名气越来越大。在他家门口，每天从早到晚都挤满了前来就诊的病人。在实践中，李时珍的医疗技术，得到了很大的提高。

李时珍并不满足已有的成就。在行医实践与勤奋读书中，他发现历代药物学著作《本草》书中都有缺陷，不仅药物品种不全，而且错误的地方也很多，分类方法也不当。从 35 岁开始，李时珍立志重修《本草》。父亲很赞赏儿子的大胆想法，但又担心工作量太大，难以完成。李时珍下定决心，不怕困难，把后半生的精力几乎全部投入修订《本草》之中。他广泛研读了历代的医书、药书和其他参考书几百种，并随时将医疗实践中的体会、医案记录下来，光笔记就装满了几个箱子。

可是，还有不少疑难问题解决不了。比如，对同一药材，对其性能各家说法不一，难以断定真伪。有一次，李时珍问父亲："书上说白花蛇身上有 24 个斜方块花纹，是真的吗？"父亲虽然早已亲自证实，有把握回答儿子的提问，但并没有正面回答儿子的问题，对儿子说："我们蕲州有的是白花蛇，你到山上去捉一条，一看不就知道了吗？"父亲有意启发儿子去实地观察。第二天，李时珍登上附近的凤凰山，捉到了一条白花蛇，仔细一看，果然肚皮下面有 24 块斜方形花纹。

在这件事里，李时珍受到极大的启示：实地调查，比书上写的更真实、更确切，对于药书上的疑难问题，只是猜度不成。他下决心深入实际，广泛调查。从 1565 年起的十多年间，他几次远出旅行考察，到过河南、河北、江苏、安徽等地，攀登了湖北的武当山，江西的庐山。他深入民间，向农民、渔民、樵夫、药农、铃医请教，"远穷僻壤之户，险探仙麓之华"，采到了许多新药，加以鉴别考证，弄清了许多疑难问题。经过多年潜心钻研，1578 年终于完成了《本草纲目》一书。

李时珍终年 76 岁。他平生著作除《本草纲目》以外，还著有《濒湖脉学》《奇经八脉考》等。李时珍在医学、药学方面的巨大成就，源于父亲的熏陶和具体指导，但已是"青出于蓝而胜于蓝"了。

将门出虎子

戚继光（公元 1528 年~公元 1587 年），字元敬，号南塘，登州（今山东蓬莱）人，明代抗击倭寇的名将、杰出的军事家、民族英雄。他带领戚家军和其他军队一起基本平息了明初以来的倭寇之患，保障了东南沿海一带人民的生命财产安全。他对军事中的练兵、治械、阵图都有创见，著有《纪效新书》《练兵实纪》《止止堂集》，极受兵家重视。

戚继光出生于将门世家。他的祖父戚珪，早在 1433 年就曾经向政府建议加强海防来对付倭寇。戚继光的父亲戚景通更是一位武艺精熟、治军严明的将领，在山东沿海指挥抗倭。

戚景通 56 岁得子戚继光。他对戚继光抱有很大的期望，教育也十分严格。戚景通从儿子小时候开始，不仅教他读书、写字，还教他练习武艺。在父亲的熏陶下，戚继光最爱听父亲讲打仗的故事，最爱做军事游戏。他常常和小朋友们一起，拿泥巴砌成城墙，堆瓦砾为营垒，削竹剪纸做旗帜，布成阵势，打一场假想的战争。

看到儿子这种稚气可爱的举动，戚景通期望儿子将来成为一个忠心保国的将领的心情更为迫切了。他对戚继光品德要求，也随之格外严格。有一次，戚继光穿着一双很考究的锦丝编织的鞋子，走过庭前，被父亲看见了。戚景通训斥说："你小小的年纪，竟然穿上这样考究的鞋子，长大以后就会去追求吃更好的、穿更好的。要是你当了军官，说不定还会侵吞士兵的粮饷。"后来，虽然弄清楚那双鞋子是戚继光的外祖父送他的，是母亲叫他穿的，但是，戚景通还是不许戚继光再穿，怕他养成奢侈的习惯。

还有一次，在戚继光 12 岁那年，父亲以母老为由，离职还乡，戚家要修缮房屋，戚景通要工匠只安 4 扇雕花门户。工匠不解，对戚继光说："公子你家是将门，可以安装 12 扇雕花门户。"戚继光便向父亲提出这个要求。哪知，立刻遭到父亲的严厉批评："你小小的年纪，怎么这样爱虚荣，讲排场！"

在父亲的严格教育下，戚继光明白了许多做人的道理。当父亲问起他对自己的前途有何打算时，继光回答说："志在读书，习武。"父亲很满意，于是又向儿子讲解读书的目的在于弄清"忠孝廉节"4 个字，要通过读书培养忠君爱国、孝敬双亲、廉洁奉公、高风亮节等品德修养。当然，在今天看来，戚景通讲的"忠君"思想，是封建伦理道德，应当摒弃。但在当时，戚景通教育儿子不把读书仅仅作为追求个人功名富贵的手段，而是把它和保家卫国、为民兴利除弊联系起来，却是难能可贵的。

从此以后，戚继光立下志向：一生"不求安饱，笃志读书"，"身先士卒，临敌忘身"，决心继承父志。

戚景通对儿子不仅注重言教，更注重身教。他为人正直、为官清廉，从不趋炎附势，不图钱财，不与贪官污吏同流合污。这给儿子树立了良好的榜样。

公元 1520 年，戚景通由登州卫指挥金事升任江南运粮把总。有一次他押送粮食入太仓，有人告诉他说，按照惯例，运粮官必须给仓官送一些财物，不然要遭刁难。但戚景通断然拒绝，他说："我自做官以来，从没有干过这样的事！"结果，他运粮入仓，被诬告帐目不清丢了官职。但戚景通并不后悔。

后来，戚景通在任大宁都指挥使时，又遇上这么一件事：

衙门里缺一个掌管少数民族事务的金书。有个姓蔡的指挥送上礼品，企图得到这个职务。戚景通理也不理，却另外荐举了一个叫安荣的人。安荣得到这个职位以后，为了表示感谢，给戚景通送来一百两银子。哪知，反惹起戚景通的极大愤慨，对他说："我为选拔贤能，才推荐你；没想到你给我送银子，看来我推荐错了人！"一番话，说得安荣满面羞惭，只好把银子收了回去。

父亲的一言一行，无不在儿子心灵烙上深刻的印记。戚继光跟着父亲学为人处世，也跟父亲学治军，思想品德和军事才有了长足的进步。

公元 1544 年夏天，戚继光 17 岁时，年老的戚景通得了重病。为趁自己还活着的时候给儿子安排好前程，实现自己多年的心愿，戚景通要儿子赶快到京城去办理袭职手续。继光临走时，父亲抓着他的手，谆谆告诫他精忠报国，努力做一个正直的人。这年秋天，还没等继光袭职回来，父亲便瞑目长逝了。临终时，还呼唤着继光的名字。

戚继光承袭父职，担任了登州卫指挥佥事。这时，倭寇对我国东南沿海的侵扰更加猖獗，人民的生命财产受到严重威胁。年轻的戚继光一刻也没有忘记父亲的教导和自己的宏伟抱负，他写下这样的诗句："封侯非我意，但愿海波平。"他治军有方，英勇作战，屡建战功，20 岁时，便是人们公认的"国士""名将"，成了国家的栋梁之材。

持板请罪

费宏是明朝铅山（今属江西）人，字子充，曾任户部尚书。著有《费文宪集》《宸章集录》等著作。他是一位很有作为的政治家。

费宏小时候特别聪明，喜欢读书学习，但却性情放荡、骄傲自大，他是在父亲的严格教育下才走上成才之路的。

在明朝成化年间，皇帝在京城对来自全国各地的读书人进行了考试。有一位 19 岁的青年人，一举中了进士第一名，那就是年轻有为的费宏。那张金榜一直在张榜的墙上挂了 3 天，费宏的名字是无人不知，无人不晓。费宏走在大街上，四处都投来许多赞美、羡慕的眼光；许多新朋旧友，听说费宏中了头榜，不断地登门拜访祝贺。费宏心里甭提有多高兴了，他觉得自己真是了不起，于是就骄傲起来，尾巴翘得老高。

一天，费宏的一位好朋友来和他聊天，谈学问。谈学问，就是要各抒己见。那位朋友对某个问题的看法与费宏不一致，两人就争论了起来。两个人各持己见，据理相争，谁也不能说服谁。费宏觉得自己中了金榜第一名，总以为真理应当在自己这一边，可他又拿不出什么更充分的理由使对方接受他的见解。他很羞恼，一气之下，扬起手来，"啪"的一声，竟打了那位朋友一个大嘴巴！那位朋友一下子愣住了，捂着红肿的脸，愤愤离去。从此，一对好朋友就再也不往来了。

费宏的许多朋友知道了这件事，也都渐渐地与他疏远了。

后来，这件事传到了父亲的耳朵里。儿子中了进士第一名，父亲本来十分高兴。现在他得知儿子竟变得这样目中无人、骄横无理，非常生气。他想："古人说：'骄兵必败。'自古以来，许多本来是很有才华、很有前途的人，就是因为骄傲自大、目中无人而毁掉了前程。他感到，必须对儿子严加管教，不能眼看着他走自毁的道路。"

于是，父亲马上提笔给儿子写了一封长信，信中说："你年纪轻轻，就如此不敬重朋友，粗暴无理，骄横跋扈，实在是太不像话！如此发展下去，你将是一事无成。你应该立即找到那位朋友，真心实意地向人家赔礼道歉，求得谅解；不然的话，你会犯更大的错误，走上邪路，我这

做父亲的也决不会原谅你。随信给你寄去一根竹板，你要手持这竹板去请罪！"

费宏读了父亲的信，又看到那随信寄来的竹板，深感自己的过错严重，不能饶恕。他深深悔恨自己，觉得自己是太无理了。他立即带着父亲的信和竹板，到了那位朋友家。可是，一连去了三次，那位朋友却是避而不见。他感到的确是太伤那位朋友的心了。他下决心，一定要当面向那位朋友认错。第四次去，朋友还是不见他。怎么办？他忽然发现自己手中的竹板，就让别人把竹板和信送给那位朋友看。没过多长时间，那位朋友流着眼泪走了出来，上前紧紧地抱住了费宏，激动地说："费宏，你有多好的父亲啊，你都快 20 岁了，还能得到父亲的教导。可我呢，父亲早就不在世了，我真羡慕你呀……"

一对朋友，重归于好。从此以后，他们一直有很深的交往。在做人上，互相帮助；做学问，相互切磋，两个人都很有作为。

"八股文最无用"

徐光启（公元 1562 年～公元 1633 年），我国明代著名科学家。字子先，上海县徐家汇（今属上海市辖区）人。1604 年中进士，1632 年升任礼部尚书兼东阁大学士。1633 年兼任文渊阁大学士。他一生科学研究的范围很广泛，以农学、天文学最为突出。他较早地从罗马的传教士利·玛窦等学习研究西方的科学知识，包括天文、历法、数学、测量和水利等学科，并且把这方面的知识介绍到我国，对当时社会生产的发展很有帮助。他编著了农业科学巨著《农政全书》，主持编译了《崇祯历书》，并译著很多书籍，其中以《几何原本》为最著名。

徐光启出生在一个农民家庭。他青少年时期家境贫寒，曾"栽柳烧炭"，从事过农业、手工业劳动。因此，他对农民的遭遇和农业生产的情况比较了解。后来，虽然他身居高位，晚年又当了宰相，却始终热爱劳动，热爱劳动人民，生活俭朴，努力钻研科学，并且时刻不忘用这些品质教育自己的儿孙。

徐光启对自己幼年的农家朋友，一直是兄弟相称，亲如一家人，经常邀请他们到家中做客。一次，一位叫阿洪的老人来到徐光启家，他刚一进门就大声说道："给老爷请安！"边说边要准备下拜。徐光启赶快上前拉住他，拍着阿洪的肩膀，笑着说："老弟呀，你我从小就是以兄弟相称，你该叫我阿启哥啊！今天怎么又'老爷''老爷'地称呼起来了呢？这可使不得！"

徐光启不仅自己这样做，还要求儿孙们尊敬他幼时的朋友，要求他们对老人要有礼貌，不许摆架子。有一次，徐光启邀请阿洪到家里来，想请教阿洪这些年种植棉花的经验。他在书房一边看书，一边等阿洪来。忽然，他的孙子徐尔默跑进来说："爷爷，阿洪来了！""怎么，你也叫阿洪？应该叫阿洪公公，不许这样没礼貌！今后，不许这样没大没小。"徐光启对孙子要求很严格。

徐光启为了搞好农业方面的研究和写作，他"考古证今，广咨博讯。遇一人辄问，至一地辄问，问则随闻随笔。一事一物，必讲究精研，不穷其极不已。"到了晚年，他仍然读书勤奋，治学严谨。他集中精力编写《农政全书》，从 63 岁开始，经过 4 年的艰苦努力，完成了初稿。

在重新修订书稿时，徐光启想到应让孙子们知道农业的重要，将来好继承自己的事业。

一天，他把三个孙子——尔斗、尔默、尔路一一叫到跟前，问他们每天都读些什么书？作些什么样的文章？孙子们都异口同声地回答说："读的是《四书》《五经》，作的是'八股文'。""农业书你们看不看？"徐光启问。孙子们说："多少也看点儿。"

徐光启叫三个孙子坐下，对他们说：

"我多年不在家，很少关心你们，所以你们把读经书和作'八股文'当做头等大事。其实，'八股文'是天地间最没有用处的文章。做这种文章，只不过是为了应考。真正有用的是农家之事，农书才应该是必读的书。"

徐光启见面前坐着的三个孙子，衣着朴素，神情也显得老实而谨慎，他点头表示满意，深情地说道：

"你们没有染上奢华的习气，这很好。可是，你们不肯干农活，很少读农书，这就不太像我的孙子了。我平生不论顺利和挫折，不论教书和做官，从来没有忘记过这个'农'字。如今我在家'冠带闲住'，想编一部《农政全书》，这是一部包罗万象的大书啊！现在，我把你们叫来，不为别事，就是要你们替我做点事，要你们帮我抄书。"

孙子们高高兴兴地答应了。从此，徐光启的书房就成了《农政全书》的编辑室。孙子们一边读爷爷写的《甘薯疏》《泰西水法》《北耕录》等书，一边一丝不苟地帮爷爷抄写修改好的书稿，成为爷爷的得力助手。在读书抄书的过程中，孙子们受到了极为深刻的重耕敬农的教育。

1633 年 8 月，71 岁的徐光启脾脏患病，此时他正任宰相。10 月 16 日，徐光启病情严重，他知道自己不久于人世了，他嘱托儿孙们："我恐怕不能亲自将这部农书整理完了，你们一定替我把它整理完，呈送皇上……"

11 月 8 日，徐光启离开了人世。儿孙们经过努力，把书整理好，呈送给崇祯皇帝。

英雄生死似壮游

在明末清初，有一位被人们称之为"云间才子，江左神童"的少年民族英雄，叫夏完淳。

夏完淳（公元 1631 年~公元 1647 年），明末抗清将领、诗人。原名复，字存古，松江华亭（今上海市松江县）人。在明末清初，人民群众奋起抗清的年代里，他年仅 14 岁，就投入斗争的行列，17 岁英勇就义。夏完淳短暂而光辉的一生，连同他那三百多首血泪交融、肝胆照人的诗篇，为后世留下珍贵的精神财富。

夏完淳出生在明末一个封建士大夫的书香门第。父亲夏允彝学识渊博，才华出众，是一位为人正直，肯于助人的学者。在夏完淳的一生中，给他教育和影响最大的是他的父亲。

在父母的精心培养教育下，夏完淳 5 岁时，就通读了《五经》——《诗》《书》《礼》《易》《春秋》，7 岁便能吟诗撰文，9 岁写成了他的处女作《代乳集》。当时有一位名叫陈继儒的名士，曾经作了一首诗——《夏童子赞》，称赞他是"过眼明，通精义"的神童。

夏允彝热情帮助年轻人，善于鼓励后辈不断进步，在当时士大夫中是有口皆碑的。他对儿子的培养教育，当然更是非常重视。1637 年夏允彝考中进士后，就把 7 岁的夏完淳带在身边，亲自进行教育。

夏完淳生活的时代，一方面是遍及全国的农民起义，一方面是清兵不断地对长城内外进行武装侵犯，明王朝岌岌可危。父亲十分重视对儿子进行品德和气节教育，经常给儿子讲述历史上那些为国家为百姓免遭蹂躏，而抛头颅洒热血的仁人志士的故事。岳飞、文天祥、于谦等民族英雄的事迹，激励着夏完淳那颗幼小的心灵。当年燕国义士荆轲，深入咸阳宫谋刺秦王嬴政，那"壮士一去兮不复还"的壮举，夏完淳极为钦佩。他在《易水歌》中赞道："白日苍茫落易水，悲风动地萧条起。荆卿入秦功不成，遗恨骊山幕烟紫。"韩国贵族张良因韩国为秦所灭，曾不惜卖光家产，收买刺客，在博浪沙（今湖南中牟县）谋杀秦始皇，为韩报仇，夏完淳也十分崇敬。他在《博浪沙歌》中赞道："东海波翻白日动，秦仇慷慨天门协。仓海先生矢报韩，博浪沙头风雨阑。"年幼的夏完淳立下了为国捐躯的志向。

后来，夏允彝由京都调往福建长乐做了五年知县，夏完淳也跟着去了。在那里，父亲教导他要注重研究历史，留心当前的政治局势。父亲在处理公务的过程中，经常让他参看一些当时的文书抄本和战事情报。夏完淳对清兵陈兵长城脚下，明朝江山势如累卵的危势，常常是忧心忡忡。夏允彝是很有名望的人，每天来访求教的人很多，他们常在一起研讨诗文，纵论国家大事。父亲不把他当做不懂事的小孩，总叫他出来陪客，让他同成年人一起说古论今。这对夏完淳政治眼光的形成，政治见识的提高，都有着深刻的影响。他父亲的一位最好的朋友陈子龙在《题钱仲子神童赋后》的短文中曾说道："夏完淳6岁已经熟读经史，拿起笔来写议论古人的文章，很有一些道理。后来我常常到夏家去，和他辩论一些问题，起初我看他是小孩，同他说着玩，可是真辩论下去，也很不好对付。"

在每天的公务之暇，夏允彝还常常同儿子一起探讨明朝危亡的原因，考察历史上的教训，特别是明朝末年的历史教训。夏完淳受到深刻启示，明白了许多道理。在《大哀赋》中，夏完淳对明末的腐败政治作了有力的揭露和批判，他指出神宗的昏庸无能，魏忠贤等飞扬跋扈、败坏朝政；指出崇祯时朝廷内部争权夺利，官场贿赂风行。他认为这些是造成明朝"地坼天崩"的直接原因。

在父亲的教育和影响下，夏完淳对待历史上的圣贤，不像一般读书人那样"拜倒古人"。对封建时代被推崇为大圣人的周公，他敢于著文议论。就连两千多年来一直享有高名的伯夷和叔齐，他也批评他们的隐遁而逃避斗争。所有这些方面，都可以看出，在父亲的谆谆教导下，他不但有文学才能，而且在政治见识方面，也表现出他的出众才华。

1644年，清军进入关内，占领了北京，满洲贵族建立了清王朝。明朝统治阶级的一部分人投降了清朝，有民族气节的一些官吏、士大夫则进行抗清斗争。他们的目的尽管是为了挽救明王朝，但在反对民族压迫方面又是同广大人民的利益一致的。14岁的夏完淳在父亲的带领下，也毅然离家，投入了抗清的斗争。

夏允彝是崇祯年间江南一个进步学术团体的领导人。明朝灭亡之后，清朝想借助夏允彝在江南的声望，笼络人心，对他封官许愿，要他倒戈降清。夏允彝严词拒绝，并回信痛斥清兵的罪行，发誓要与清朝斗争到底。他与夏完淳商议，趁清兵初到江南，立足未稳，想以明将吴志葵镇守吴淞的水军为主力，并联络四周府县义师，先取苏州，切断清兵与南京的联系，然后攻击杭州等沿海城市，最后收复南京。为此，夏允彝利用他同吴志葵的师生关系，带领夏完淳深入吴军，制定了进军苏州的作战方案。可是在战斗打响以后，由于吴志葵优柔寡断，贻误战机，致使吴军首战失利，继而松江陷落。

1645年9月17日，夏允彝自投松塘而死。他在死前留下了一首示儿的绝命诗："少受父训，长荷国恩；以身殉国，无愧忠贞。南都继没，犹望中兴；中兴望杳，安忍长存。……人谁无死，不泯者心；修身俟命，敬励后人。"意思是说，我青年时受到父亲的教育，又长期受国家的恩惠，我以身殉国，以表忠心。希望你们后来人，不可忘记中兴国家的责任。

夏完淳失去了父亲，国难家仇更进一步坚定了他的抗清斗志。他接过父亲肩上的重担，按照父亲留下的"破家纾难"的叮嘱，变卖了全部家产，捐作义师军饷，继续为抗清奔走呼号。1646年，他四处转战，后来前往太湖，投奔明朝原兵部职务司主事吴易统领的义军，担任了参谋职务。开始，这支义军很有战斗力，先后收复了江苏的吴江，浙江的海盐，逼使清兵龟缩在苏州城内，不敢出战。后来，清兵调集人马卷土重来，使义军遭受挫折。在撤退嘉善西塘的途中，夏完淳与义军失去了联系。数月后，因叛徒告密，夏完淳被捕入狱。

"从军未遂平生志，遗恨千秋愧请缨。"夏完淳被关在南京监狱的日日夜夜里，忧虑的不是刑讯和死亡的威胁，而是山河的沦陷和事业的中断。他深为自己壮志未酬而悔恨，痛感"家仇未报，臣功未成，斋志重泉，流恨千古"，写下了"今生已矣，来世为期。万岁千秋，不销义魄"的誓言。在狱中，他回想起父母对自己的教育和期望，在《狱中上母书》

中写到：人生谁不死，最要紧的是死得有价值；为国家民族而死，正是尽了父母教育我的本分。

夏完淳就是以这样的高尚情操，继承父亲遗志，抱定"英雄生死路，却似壮游时"的信念，豪迈地走完了自己生命的最后里程，时年刚刚17岁。

择婿嫁女

郑板桥（公元 1693 年～公元 1765 年）是清代著名书画家、文学家。名燮，字克柔，江苏兴化人。早年家贫，应科举为康熙秀才、雍正举人、乾隆进士，曾任山东范县（今属河南）、潍县知县，后来由于他帮助农民胜讼以及办理帐济，得罪豪绅而被罢官。做官前后，他都是住在扬州卖画。他擅写兰竹，以草书中竖长撇法运笔，体貌疏朗，风格劲峭。工书法，用隶体参入行楷，自称"六分半书"。能诗文，《悍吏》《私刑恶》《孤儿行》《逃荒行》等作品，描写人民疾苦颇为深切。他所写的《家书》《道情》，自然坦率，为世人所称颂，为《扬州八怪》之一，著有《板桥全集》。

郑板桥一生严于律己，为人正直，他对家人，包括堂弟郑墨、妻、子、女，都要求特别严格。他长年在外，不能当面教育家人，就写了许多家书，通过家书教育家人。在家书中，郑板桥教育儿子说："读书中举、中进士做官，此是小事，第一要明理做个好人。"郑板桥对儿子的要求和教育都体现了一个"严"字，在对待女儿的婚事上，也同样体现了一个"严"字。

郑板桥在潍县任职的时候，女儿到了出嫁的年龄。想与县太爷攀亲的人家，生怕别人家捷足先登，都赶紧托媒人去县衙做媒求亲。

最先上门的是一位闲居在家、颇有官场名声的退休知府。他与郑板桥是老朋友，见了板桥，先是寒暄几句，就说："板桥兄，我是为令媛来做媒的。我要说的，不是别人，就是李家公子，他少年英俊，才华出众，他父亲也是现任知县，真是与令嫒门当户对。"

郑板桥知道此人，微笑未语。

媒人见郑板桥只是微笑，一句话也没说，猜想郑板桥已有应允之意，就接着说："板桥兄，李家是诚心求淑女，倘若你答应这门亲事，李家觉得两家都是现任知县，婚事要办得像样一些，才说得过去，不致贻笑大方。李家准备敬送聘金二千两，另筹备二千两办喜宴。不知板桥兄准备陪嫁多少，我想，大概不会低于聘金和喜庆宴那么多钱吧?"

郑板桥呵呵笑道："你老的意思，叫我准备四千两银子，才能择婚嫁女?"他收起笑容，说："我是赚进多少用出多少，平生有个怪癖，不会弄钱，不会聚钱。"说完，手已捧起茶杯。媒人见他已做出送客的手势，虽不满意郑板桥的话，但却明白他的意思，只好怏怏告别离开县衙。

紧接着，来的第二个媒人是个富豪。他开门见山地对郑板桥说："我是来给潍县首富马家大儿子向县太爷二小姐求婚的。"郑板桥一听就微微皱了皱眉头。虽不想谈此门亲事，但也不便马上下逐客令，只好耐着性子听媒人说下去。"郑大人，马家是潍县金山银矿，生活是不用说的，你女儿嫁到马家是享不尽的荣华富贵。老马家攀郑太爷这门亲，是想让马公子来日得福。我想，郑大人如肯将公主下嫁马家，丈人提携女婿，这是天经地义的事。郑大人，我不会说话，不知这话对不对?"

郑板桥问媒人："你是说马家想让我这县太爷给他家儿子弄个官当当?"媒人连连点头。郑板桥摇摇头说："请你转告马家，板桥这县太爷也不知能做多长，给女婿派个官职，板桥可没这个能力。对不起，对不起。"

媒人见郑板桥站起来送客，只好尴尬地告辞走了。

书香门第的人家也托人来衙门求婚了。媒人先跟板桥谈诗谈画谈书法，然后一步步地把话题引到城里世代文墨的柳家。柳家有一长子，人绝顶聪明，只缺个名师指点。媒人最后破题说："郑板桥先生，柳家想攀你们这门雅亲，也是想请你这位名手，将诗书画三绝技传授于柳家儿子，先生定会乐意。"

郑板桥哭笑不得，只说："你太夸奖我板桥了! 我不过是一只秃笔，闲来无聊，吟首诗，涂幅画，写个字，消遣消遣。哪来的什么诗书画三绝！对不起，对不起。请！请！"

郑板桥踱进内室，对继室饶氏说："媒人纷纷上门，都为求婚而来，却都不求女儿。"

郑夫人不解地问："媒人来说亲，不求姑娘，难道是求你这胡须丈人？"

郑板桥放声笑了，说："夫人，你猜对了，猜对了！第一个求我知县四千两白银，第二个求我知县一官半职，第三个求我才子诗书画三绝。你说这怪不怪？"

郑夫人想了想，说："也怪，也不怪。"

郑板桥听糊涂了，说："夫人此话怎讲？"

郑夫人说："谁叫你是姑娘的父亲，未来女婿的丈人！"

不久，有一个小官辞官回乡，他带了儿子来向郑板桥辞行。这小官的儿子名叫知足。父子不善言辞，也不善交际。但郑板桥不知怎么，却看中了这个知足，留他们父子吃饭，让郑夫人与女儿也跟客人父子见了面。郑夫人也喜欢知足，姑娘红了脸颊，不好意思开口。郑板桥将女儿许给了知足。知足父子惶恐不安，再三推辞说配不上。郑板桥说："媒人踏破了县衙门槛，吹嘘的话车载船量，我没有肯把女儿许给他们。看了知足，我夫妇俩愿将女儿许配给他，只要你父子俩愿意，咱们就算订下了这门亲事。"知足连忙向岳父、岳母跪拜。

亲事订下来，郑夫人为女儿出嫁操心。起初，她见丈夫好像忘了女儿的婚期，就催促郑板桥说："太爷，女儿出嫁的陪嫁，你怎么打算？"

郑板桥说："还早哩，你慌什么？"郑夫人见丈夫这样说，以为他早有打算，就不再催促了。

过了些日子，眼看婚期只有几天了，郑夫人见丈夫仍是毫无动静，于是又催促道："太爷，女儿出嫁可没几天了，嫁妆要快点置办。"

郑板桥胸有成竹地说："夫人，我早有筹划，请夫人不必多为此事操心。"郑夫人见丈夫这样说，又只好不多说了。

又过了几天，第二天婚期就到，明晨女婿知足要来迎亲。女儿要随他去乡下成亲，而板桥还稳坐钓鱼台，郑夫人这颗心实在放不下，不禁又催促丈夫说："我的太爷，你筹办的嫁妆也该派人去运来县衙，明天好派人随女儿送去！"

郑板桥说："毋需派人去运，已存放在县衙里。"

郑夫人觉得此事有点蹊跷，县衙里哪来的嫁妆？就问丈夫："你准备的是些什么嫁妆？"

板桥笑而不答。

郑夫人想：大概丈夫已为小女准备好贵重嫁妆。就问道："你准备送金送玉给女儿做嫁妆？"

郑板桥摇摇头。

郑夫人想：丈夫从未收过贵重礼物，哪来的金玉宝贝？又问："你准备送田契地契给女儿做嫁妆？"

郑板桥仍是摇摇头。

郑夫人想：丈夫自当知县以来，在山东没有购买过一寸田地。兴化老家虽有一些田地，也只够耕种糊口，又哪来的田契地契给女儿做陪嫁？她实在不明白丈夫要给女儿什么做陪嫁，就又问道："你准备送字画给女儿做嫁妆？"

郑板桥还是摇摇头，说："你急什么，明天我自有珍贵之物给爱女做陪嫁。"

郑夫人听丈夫这么说，虽还是狐疑不定，但也只好等明天再说了。

第二天，新姑爷知足遵从丈人的叮嘱，亲自赶了牛车前来迎娶新娘，郑夫人忐忑不安，皱眉蹙额：她企盼丈夫也像过去对待义女那样，送亲女珍贵之物。正在这时，她见郑板桥打开一个木箱，从中端出一个竹编的匾子，匾子中盛着针和线。郑夫人还没弄清这是怎么回事，只见丈夫双手捧着竹制针线匾儿，郑重地递到女儿手中，又郑重地对女儿说："父亲特地送你陪嫁之物，珍贵的郑家传家之宝。"

郑姑娘双手捧着，注意听着父亲的话。

郑夫人见状，气得说不出一句话来，只以为丈夫是真的疯了、傻了！

郑板桥却严肃又恳切地对爱女说："女儿，你将这些郑家传世的针线匾带到知足家，手勤，活好，针线匾不丢，自食其力，生活定会美好。知足也是个勤恳的后生，小两口定能互敬互爱。"

郑夫人一个劲地朝郑板桥打手势，企图阻拦。郑板桥看到了，但不理会。他让女儿坐上牛车，双手捧着针线匾在胸前，请新女婿赶牛车出县衙，走过街巷，直奔乡下而去。县太爷自己骑上了一头毛驴，亲自送女儿出嫁。

郑板桥骑着毛驴，满面含笑，还不时地向聚在路旁看热闹的百姓点头，似乎显示出他对自己择婿嫁女与诙谐的言行中，所包含的严格教诲而产生的高兴劲儿，正无法言说哩！

呕心沥血育精英

　　林则徐（公元 1785 年～公元 1850 年）是我国鸦片战争时期杰出的政治家，我国历史上第一个坚决抵抗帝国主义侵略的民族英雄。字少穆，福建侯官（今闽侯）人。1838 年在湖广总督任内，禁止鸦片，成效卓著，为禁烟派代表人物。1840 年任两广总督。鸦片战争爆发后，他严密设防，使英军在粤的侵略行径无法得逞。后因投降派诬害，被革职，不久充军新疆。林则徐能诗文，现存有《林文忠公政书》《信及录》等著作。

　　林则徐的父亲叫林宾日，是一位以执教私塾为生的穷秀才；母亲陈帙（zhì），是闽中儒生陈时庵的女儿。到林则徐降生的时候，夫妻膝下已有几个女儿了。林宾日虽说在科举仕途上苦苦奋斗过，但一生不得志，始终没有达到目的，只好把希望寄托在初生的儿子林则徐身上了。

　　林则徐 4 岁那年，望子成龙的林宾日便把他带到自己执教的罗氏私塾，抱在膝上，逐字逐句、逐章逐段地教他认字读书。7 岁时，又教他吟诗作文。父子俩不分白天黑夜地苦读诗书，有时甚至通宵达旦。这正像后来林则徐所回忆的那样："府君（指父亲）之教，谆谆然，循循然，不激不厉，而使人自乐于问学"，"每际天寒夜永，破屋三椽，朔风怒号，一灯在壁，长幼以次列坐，诵读于斯"。

　　父亲的苦心教诲加之自己的苦读，林则徐很快地就以"童年擅文"闻名乡里。有一次，一位邻乡名士，想试一试他的才智，念了一句"鸭母无鞋空洗脚"，幼年的林则徐应声对答："鸡公有髻不梳头。"在场的人拍手叫绝。还有一次，老师带着学生到鼓山去玩，在登临顶峰时，极目

四望，一时诗兴大发，便出了"山""海"二字，让学生们各作一对七言联句。当其他学生还在冥思苦想中，林则徐却率先诵道："海到无边天作岸，山登绝顶我为峰。"师生对他的才思敏捷，无不表示赞叹！

林宾日在教育儿子苦读诗书的时候，总是努力做到："讲授书史，必示以身体力行、近理著已之道，罕譬曲喻，务使领悟而后已，然未尝加之笞挞，即呵斥亦绝少。"即循循善诱，引导其去实践。有一段时间，林宾日发现儿子有办事粗心、性子急躁的毛病，常常为了一两句话不对自己的心愿，就发急、发怒。怎样帮助他克服掉这个毛病呢？

有一天，林宾日给儿子讲了一个"性急判官"的故事：

以前，有一个判官，由于他非常孝敬父母，每当遇到犯人是不孝敬父母的，他就要重判。有一天，两个彪形大汉扭送来一个年轻人，他们说："这个家伙是不孝之子，他不仅骂他娘，还要动手打他娘。"判官一听，顿时火冒三丈，连喊带叫："来人呀，先给我结结实实地打他五十大板！"这个年轻人刚要喊冤枉，他的嘴立即被堵住，无法申辩，屁股被打得皮开肉绽。就在这时，有一个老太婆拄着拐杖闯上堂来，边哭边喊："请大人救救我的儿子呀！刚才有两个强盗溜进我家牛棚偷牛，被我儿子发现，想把他们扭送官府，却反被强盗给捆走了……"判官一听，心里一惊："莫非我刚才打的就是她的儿子？"那老太婆一看，被打得死去活来的正是她的儿子。判官发现自己上当，立即令人把那两个大汉带上堂来，可不知什么时候那两个强盗早就逃之夭夭了。

父亲讲的这个故事，给林则徐以极为深刻的教育。不仅当时帮助他认识了自己的缺点，就是后来他做了大官，也总是在书房的墙壁上挂起亲笔书写的"制怒"的横匾，作为自己的座右铭，以时时提醒自己。

林则徐少年时，家庭生活比较贫苦。据史书记载，林家每到除夕，才难得吃上一餐素炒豆腐；也只有到这天晚上，挂在墙壁上的那盏油灯才有两根灯芯。为了供给林则徐读书学习的用品，也常要"典衣以购之"。

父母亲当时过着"半饥半寒，迁就度日"的生活，可对贫穷的乡亲和邻里，却是"视人之急犹己家，虽至贫再三，鄙（dǎng，即乡邻）疾病死葬，靡不竭力解推，忘乎其为屡空也"。少年时的林则徐，就亲眼看见父亲把家里仅有的一点点米，全都送给了贫穷如洗的三伯林天策，自己一家人只好忍饥挨饿。父亲还事先嘱咐他说："伯父来，不得说我们没有米吃了。"

父亲"不妄与一事，不妄取一钱"。有一次，一个土豪想用金钱贿赂林宾日，为其保送文童，他拒绝了。还有一次，乡里有个平时豪取强夺的富户人家，不惜重金，想聘林宾日去当家庭教师。林宾日一想到他平日的劣迹，宁肯自己挨饿也不肯应聘。

父亲的言行举止，对林则徐的影响很深。后来，他在官场上注意了解民间疾苦，作风廉洁刚直，不与贪官污吏为伍，这当然不是偶然的了。

林宾日生活在清王朝中期，古老的中国封建社会逐渐衰落、解体，欧美一些资本主义国家乘机侵入我国沿海地区，他们贩卖鸦片，毒害中国人民。当时的一些爱国的知识分子，看到这种情况，都想把国家整顿一番，挽救这个危险的局面。林宾日就是具有这种思想的人。因而，他要求林则徐不拘于崇尚儒家经典或专攻考据汉学的框框，要博览各种典籍，借以开扩眼界。在父亲的具体指导下，林则徐研读的范围十分广泛。正因为这样，他对我国历史上著名的政治家、军事家、文学家十分崇敬。南宋抗金英雄李纲，本是福建邵武军人，祠墓均在福州。林则徐对他更是崇敬，时常和朋友们一道，到李纲祠凭吊，谈论他的悲壮故事，并赋诗抒发爱国热情。他们议论清朝政治的腐败，外国势力的侵入，鸦片流毒的危害，爱国热情不断升华。

林则徐从 27 岁开始做官，始终以"体察民情"为自己的座右铭。他当过江苏按察史，主管一省的司法行政。在任职 1 年的时间里，清理了许多积案，替受冤屈的人申了冤，平了反，当时地方上曾称颂他叫"林青天"。他屡次在江苏、山东、河南等省主持抢修运河、黄河堤岸，使这些地方的水灾大减。

1839 年初，林则徐以钦差大臣的身份，奔赴广东查禁鸦片，但由于清朝统治集团的昏庸，投降派的诬陷，他的禁烟和抵抗帝国主义侵略的主张，并没有实现。可林则徐发起的禁烟运动和号召民众奋起抗击帝国主义侵略的斗争，对当时和后世都起了积极的作用。

李氏庭训

李烈钧将军是国民党的元老、辛亥革命的积极参加者。他很早就结识孙中山先生，担任过以孙中山先生为首的广东军政府和大元帅府的参谋总长，为推翻封建帝制，建立民主共和，促进南北统一，做出过卓越的贡献。

民国初年，李烈钧任江西都督，袁世凯私下派员出重金拉拢他，企图诱使他归顺，对他说："如能赴京一晤，当以 200 万元为'寿'，并晋勋一位。"

李烈钧大义凛然，不为重金所诱惑，斩钉截铁地说："我是想建勋业于国家，岂能让你们这些丑类所诱惑吆！"一句话把袁世凯派去的人给顶回去了。

后来，广东军政府讨伐袁世凯，李烈钧被委以重任，担任北伐军滇、黔、赣联军总司令。在讨伐袁世凯的通电中，李烈钧庄严地表示："宁做自由鬼，不做专制奴！"表现了李烈钧将军反对袁世凯复辟帝制的坚定决心。

袁世凯用重金诱惑他，虽未得逞，但这件事，却引起他深深的思索。他想到，有的人就是太爱金钱这种东西，结果做了许多危害革命、危害人民的坏事，成为不齿于人类的狗屎堆。他感到非常有必要对自己的儿子们进行这方面的教育。

李将军膝下有三个儿子：李赣驹、李赣骥、李赣骅。他虽长年在外戎马征战，公务繁忙，但从未放松对三个儿子的教育。他联想到自己拒绝金钱诱惑这件事，为儿子们写了一则庭训：

"一点点好事都要做，一点点坏事都不能做，尤其不可搞钱。"

"子孙不如我，要钱做什么；子孙强于我，要钱做什么！"

这则庭训，观点十分鲜明，那就是：在任何情况下都不能追求钱财，没有任何理由追求钱财。

为了让儿子们从小就懂得如何对待金钱这个道理，并且永远记住，儿子们从小时候起，每天晚上都要整整齐齐排好队，站在父母的面前，挨个儿背诵这则庭训。儿子们从小到长大，一天也没有间断过！他是何

等严于教子啊！

李烈钧将军一生光明磊落，追求革命，至死不渝，受到我们党和人民的爱戴和尊敬。他逝世以后，周恩来、董必武、王若飞曾代表中共中央前去吊唁。董必武还手扶李将军灵枢，语重心长地对李将军的大儿子李赣驹说："你们要永远牢记父亲的遗训，念念不忘振兴中华！"

李赣驹没有辜负我们党对他的热切期望，没有忘记父亲的教导。1949年，全国刚刚解放，他没有留恋纸醉金迷的外国豪华生活，从国外回到祖国，积极投入了社会主义建设，为祖国的兴盛，为祖国的统一，做出了不少的贡献。

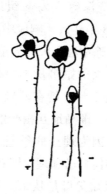

花园里的婚礼

冯玉祥（公元 1882 年～公元 1948 年）是安徽巢县人，字焕章。行伍出身。1927 年 5 月在西安就任国民党第二集团军总司令，曾参与蒋介石、汪精卫的反共活动。1928 年起，因与蒋介石集团发生利害冲突，举兵反蒋，先后爆发了蒋冯战争和中原大战。1931 年"九一八"事变后，积极主张抗日，反对蒋介石的不抵抗政策和法西斯独裁统治。1933 年 5 月，与中国共产党合作，在张家口组织民众抗日联盟，任总司令。抗日战争胜利以后，继续采取与中国共产党合作的立场，反对蒋介石的内战、独裁和卖国政策，并与李济深等人发起组织中国国民党革命委员会。1946 年出国考察水利，1948 年 9 月，响应中国共产党的号召，回国参加新政治协商会议筹备工作，途中在黑海因轮船失火遇难。

冯玉祥思想开明，对儿女的婚事从不包办。1944 年，女儿冯理达在四川成都的齐鲁大学医学院上学。她在开展学生运动中，认识了正在华西大学文学院学习的罗元铮，渐渐地互相产生了爱慕之情。

可是，小罗有些顾虑，因为理达的爸爸冯玉祥是有名的将军，自己家和她家门不当户不对，即使自己和理达同意了，她父母能不能答应呢？

理达却不以为然，她深知父母是从来不包办儿女婚姻的。记得几年前，姐姐结婚时，爸爸不是还写了一首《示女》诗么，诗中说：

爱女弗伐，今日出嫁。

要言几句，赠尔记下。

切戒性躁，免生悔恼。

次戒多言，免讨人厌。

凡事恭敬，有人尊重。

遇事谨慎，做人根基。

勤俭耐苦，天助自助。

有学有德，平民生活。

小姐太太，害人自害。

夫妇和睦，一生幸福。

国与社会，均得其惠。

理达从父亲对姐姐婚姻的态度上，深信父母会支持她和元铮的婚姻的。

为了征求父母的意见，理达便写信把这事告诉了妈妈。妈妈接到信后，从重庆来到成都，与小罗长谈了一次。妈妈很满意小罗的政治倾向，感到他人也比较正直，便把自己支持这门亲事的想法，告诉了女儿。理达和元铮都很激动。在理达和元铮定婚时，冯玉祥夫妇送给他一套《鲁迅全集》。

1946 年，冯玉祥夫妇到美国，理达也跟随前去。冯将军四处奔走，忙于团结华侨，进行爱国反蒋活动。他为了有个得力助手协助他开展活动，也为了成全女儿的婚事，特地叫小罗设法来到了美国。

有一天，冯夫人开汽车送冯玉祥、女儿和小罗去美国东部开展活动。路上，她考虑到理达和元铮要协助冯将军工作，经常外出，没有结婚，有很多不方便，就和冯将军商量，决定立即让他们结婚。

征得理达和元铮同意后，冯将军就叫车子停在马路上，找了一个街心花园，请过路人为他们一家四口人合影留念，这就算举行了婚礼。

晚上，在旅馆里，吃了一顿便饭，就算是喜庆宴。饭后，冯将军拿出纸墨，欣然命笔，送给女儿和女婿一副祝贺对联。对联上写着：

元铮吾婿、理达吾女结婚纪念

　　民主新伴侣

　　自由两先锋

　　　　　　　　　　　　　冯玉祥

　　　　　　　　　　1947 年 9 月 28 日

　　冯将军的对联，既是对女儿、女婿新婚志喜的祝贺，也是对他们的殷切期望。作为一个旧军人能如此思想开明，推崇民主、自由，的确是难能可贵的。

属牛的孩子

钱三强是我国著名的核物理学家。1937 年～1948 年，他到法国留学和从事研究工作。在约里奥－居里夫妇指导下，他与何泽慧等四人合作，首先发现铀的"三分裂"和"四分裂"现象，引起了当时世界物理学界的重视。解放以后，为发展我国原子能科学事业，培养科学人才，做出了重大贡献。

1913 年钱三强出生于浙江绍兴母亲徐婠贞家里，原籍浙江吴兴。钱三强的父亲钱玄同，是我国著名的语言文字学家，早年留学日本，曾担任北京大学、北京高等师范学校国文系教授，"五四"时期积极参加新文化运动，是《新青年》的编辑。这位"五四"时期向封建文化冲锋陷阵的战士，对钱三强的成长影响很大。

幼年时代的钱三强，经常看到父亲深夜在两支白蜡烛灯光下为《新青年》撰稿的身影。父亲在家里，常常向孩子们宣传民主与科学的思想。他说："对于社会要有改革的热诚。时代是往前进的，你们学了知识技能，就要去改造社会。"父亲在钱三强幼小的心灵里播下了反帝反封建思想的种子。

在父亲的影响下，钱三强读小学的时候，就拿起小旗子为"五卅"惨案上街宣传，和大同学们到东郊民巷向帝国主义示威。北伐战争时期，他正上中学，曾秘密地传递北伐军胜利的喜讯。

父亲小时候吃过不少封建礼教的苦头，曾经因为偷看《桃花扇》，挨了塾师一戒尺，在他眉间留下了一个疤痕。他对封建礼教深恶痛绝，曾经说："我们以后绝不许再把'三纲'这三条绳索缠在孩子们的头上！"
"我自己拼死，只救青年，只救孩子！"他把钱三强等几个孩子送进学校，
读白话文，学习注音字母。给孩子们买了不少课外读物，有期刊，也有
新旧小说。这些读物不仅丰富了钱三强的课外生活，而且帮助他开扩了
眼界，养成了读书习惯，提高了写作能力。

钱玄同特别强调要孩子们认真学好外语和自然科学，参加体育运动，
锻炼好身体。少年时代的钱三强兴趣很广泛，各科知识都使他感到新奇、
有趣。他喜欢演算数学，也喜欢画画、唱歌，还很爱打篮球和乒乓球。

钱三强这位语言文字学家的儿子，为什么后来转向学习自然科学了
呢？这同父亲对儿子的理解和支持是分不开的。

钱玄同虽生活在封建社会，但却具有强烈的民主、平等思想，对孩
子们尊重理解，很少有封建家长制的意识。他常对孩子们说："你们将来
学什么，我不包办代替，由你们自己去选择。但是，一个人应该有科学
的头脑，对于一切事物，应该用自己的理智去分析，研求其真相，判断
其是非与对错，然后定改革的措施。"父亲的这一席话，深深地印在三强
的脑子里。

上中学期间，有一次钱三强读了一本孙中山著的《建国方略》。书中
提出要把黑暗落后的旧中国，建成繁荣、昌盛的新中国，并具体设想了
未来中国的蓝图：兴建铁路干线、港口、工业基地……这是一幅多么美
好的图景啊！钱三强一口气把它读完。"对，要使国家摆脱贫穷、屈辱，
走向独立、富强，非建立强大的工业，非学习科学不可。"他坚信这
一点。

当天放学回家，他就闯进父亲的书房，开门见山地说："父亲，我要
学工！"

早在"五四"时期就提倡民主与科学的父亲，很赞赏儿子的选择。
他望着身材壮实的儿子点点头，然后问道："那么，你想上哪个学校呢？"

"我准备考南洋大学。"南洋大学即后来的上海交通大学。

"南洋大学全是用英文课本呀！你在孔德学校学的是法文，怎么考
啊？"父亲提醒他。

是啊，在中学他只学过法文，怎么办呢？

第二天，三强又找到父亲："父亲，我们几个同学商量好了，决定先考北大理科的预科。"

"北大预科也是学英文，并且用英文教科书。"父亲说。

三强倔强地回答说："我们补学英语，一定赶上去。实在跟不上，留一级也行。"

父亲被儿子的决心打动了。经过学校同意，钱三强和另外两个同学用法文参加预科考试，被录取了。入学后，教师使用的教材，都是英文的，这对于从未学过英语的钱三强来说，困难程度是可想而知的，但这并没有难倒钱三强。

从此，他一下课就钻图书馆或在家里埋头查字典，对笔记，攻读英文。暑往寒来，半年过去了。学期考试结束，钱三强拿到成绩单，一阵风似地跑回家，大声向父母报喜："父亲，我英文及格啦！"

父亲接过成绩单一看，果然，得了 65 分，其他各门功课也不错，父亲满意地笑了。这是儿子多少个日日夜夜顽强不懈努力的结果呵！父亲一语双关地对老伴说："这孩子是属牛的，还真有股牛劲呢！"

但后来钱三强没有进工科。在北大预科，他旁听了清华大学教授吴有训、萨本栋讲授的近代物理和电磁学，还读了英国科学家罗素的《原子新论》，他深深地爱上了原子物理，转而考进清华大学。1986 年，他以优异成绩从清华毕业。1937 年初夏，留法公费生中有一名攻读镭学的名额，父亲和物理研究所所长严济慈都鼓励他去应考，结果考取了。

出国前夕，父亲高血压病加重了；紧接着，又爆发了卢沟桥事变。国难当头，老父又有病，是走还是不走呢？钱三强踌躇不决。父亲看出他的心事，鼓励他说："你学的学科，将来对国家有用。你还是出国好好学习吧！"

就这样，24 岁的钱三强肩负祖国和父母的期望，赴法国巴黎大学镭学研究所去攻读核物理学。他的老师约里奥——居里夫妇，是著名镭的发现者居里夫人的女婿和女儿。两位老师深深同情受压迫的中国，热心指导和帮助钱三强学习。

　　1939年1月，父亲在国内不幸逝世了。钱三强身居异国他乡，想起父亲的教导和期望，他遥望祖国，暗暗发誓：一定要攻克核物理学的高峰，掌握本领，报效祖国！

　　经过几年的试验研究，钱三强与他的爱人何泽慧等四人，首先发现了核裂变的"三分裂"和"四分裂"现象，引起了世界物理学界的重视。钱三强关于铀核三分裂机制的解释，后来被各国物理学界所公认，进一步丰富了人们对裂变现象的认识。1948年，当钱三强决定回国的时候，小居里夫妇在他的鉴定书上写道："我们可以毫不夸大地说，近十年来，在我们指导下的这一代科学人员中，钱三强是最优秀者！"

为儿媳改名字

　　徐特立同志（公元 1877 年～公元 1968 年）曾经是毛泽东同志青年时代的老师。1927 年大革命失败时加入中国共产党，是伟大的无产阶级革命家、教育家。"八一"南昌起义以后，在中央革命根据地任教育部长。1934 年参加二万五千里长征后，在延安从事教育宣传工作。新中国成立后，任中央人民政府委员，当选为全国人民代表大会常务委员会委员，中国共产党的第七届、第八届中央委员。1968 年 11 月 28 日在北京病逝。

　　徐特立同志有 7 个儿子。大儿子徐笃本，1927 年大革命时就牺牲了，接下去的 5 个儿子因为生病无钱医治，很小就都死去了。只有一个小儿子徐厚本留在湖南长沙五美乡。1938 年初，厚本夫妇把不满周岁的独生女儿徐禹强留给母亲，去了延安。就在这一年，厚本因病逝世。

　　后来，徐特立在桂林八路军办事处工作时，他的儿媳徐萃英和孙女也在身边。有一位男同志曾追求徐萃英，徐老知道后，和儿媳谈了一次话，并表示支持她再婚。他对儿媳说，青年人选择伴侣的条件，首要的是为人厚道、品行端正，不轻于弃妻，年龄相当。那位同志是共产党员，政治上很进步。同他结合，不会有夫权统治你。在革命队伍里，选择配偶，不是为了钱财和地位，而是要选择先进的人。

　　后来，徐老的儿媳因舍不得离开徐老夫妇，拒绝了这件婚事。但徐老的那次谈话，却使她深受感动和教育。

　　徐老认为，儿子不在了，要对儿媳更加关心。为了鼓励儿媳振作精神，奋发图强，在儿媳动身要去延安的时候，徐老建议她改个名字。徐老为她改的名字叫徐乾（qián）。

为什么要改成这样一个名字呢？徐老亲笔写过一个说明，解释为什么要叫"乾"这个字：

"君子终日乾乾，夕惕、若厉、无咎。

"乾，健也。终日乾乾即终日健进不已；惕，警觉也。终日乾乾至晚还加警惕；且若有凶厉可怕，注意如此集中，精神如此振奋，前途一定远大。

"右录周易语以示乾儿。乾儿原名萃英系华而不实的女性名，她却外柔内刚，颇有独立性。我以为她有其祖父的倔强性，希望她发扬这一倔强性，因而字之为乾。"

同时，他还为孙女起了一个名字叫禹强：

"乾儿生有一女儿性亦倔强，字之为禹强，因希望她似母而为禹域一倔强的女性。"

本来，一个人叫什么名字，并不特别重要。徐老为儿媳改名字这件事，主要体现了他对后代的关怀。他既用"乾乾"来鼓励儿媳奋发图强，不断进取；又用"夕惕"来警戒她兢兢业业，警觉惕励，不断改造思想。

徐乾没有辜负父亲的关怀和期望，工作努力，不辞辛苦，表现很好，不久，便加入了中国共产党。为勉励儿媳戒骄戒躁，继续前进，1941 年，徐老在延安用六元边币买了一部《联共（布）党史简明教程》送给徐乾。当时徐老每月只领五元边币的津贴，他不吸烟、不喝酒，生活十分简朴，却用省下来的钱给儿媳买书，体现了徐老对儿媳政治上的关怀。

徐老还特意在那本《联共（布）党史简明教程》的扉页上，写了一段话来勉励儿媳：

"乾儿：4 年前你还是一个落后的家庭妇女，而今成了一个共产党员，实出我意料之外。

"希望你真能继承我们的革命事业，我从现在你的行动看有很大的可能性。

"我爱读《联共（布）党史》，曾在长沙精读一次，你是知道的。这书包括革命理论、策略、组织原则和工作方法。你当随时阅读，把它当党的经典。

"本书共420页，日读2页，210日可读完。我今年已65岁，有似风中之烛，不知能否眼见你读完此书，了解此书，且能实行书中的原则。如果我能看得见的话，我虽无子，也还快慰。"

徐乾读着父亲这情深辞切、语重心长的题词，心情久久不能平静。她激动不已，感到浑身充满了力量，于是更加勤勤恳恳、夜以继日地忘

我工作和学习。

1945 年，徐老又题词要求儿媳珍惜时间和有计划地利用时间。他告诫儿媳说：

"对于时间问题，无论什么阶级，凡是有作为的人们都是抓得紧的。

"鲁迅以妨碍别人的时间为谋财害命，我以为自己浪费时间只是自杀政策。"

另外，他还要求儿媳要善于休息。他说：

"休息和工作是同样重要的。妨碍休息和一定的睡眠是直接自杀。"

徐老在思想上、政治上关心儿媳的事，一时在社会上传为佳话，它给人们以非常深刻的启示。

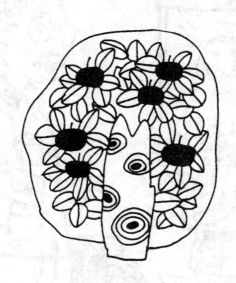

"应该尽教育的义务"

　　鲁迅，原名周寿樟，后来改名周树人，字豫才，笔名鲁迅。他是中国伟大的文学家、思想家和革命家，又是伟大的教育家。1881 年 9 月 25 日出生于浙江绍兴城内一个破落的士大夫家庭，1936 年 10 月 19 日逝世。

　　1909 年 8 月，鲁迅从日本留学回国后，在学校任职。1912 年～1926 年在教育部任职。1920 年～1926 年，他除在教育部工作外，还先后在 8 所大、中学校教书。

　　鲁迅的一生，虽然主要是从事革命的文艺活动，但他从未离开教育战线的斗争。他非常关心下一代的教育工作，尤其重视儿童的家庭教育工作，发表了许多这方面的专论，如《随感录二十五》《我们现在怎样做父亲》等。他深刻揭露、批判封建家庭教育对儿童的摧残，呼吁家长重视儿童的家庭教育，改善家庭教育，用新思想、新方法、新内容教育儿童，造就一代新人。鲁迅是我国近代教育史上第一个直接批判延续了几千年的封建家庭教育思想的教育家，也是第一个倡导家庭教育新思想、新方法、新内容的教育家。

　　鲁迅的家庭教育新理论、新思想，首先在自己教育儿子的实践中实施。

　　人们常常以为伟大的人物都是很严肃的，不懂得生活，因此也不懂得怎样爱自己的孩子。如果他们很爱孩子，还会被人讥笑。鲁迅是很爱他的儿子海婴的，也曾被人讥笑过。为此，他曾写过一首《答客诮》的诗，回敬那些讥笑他疼爱儿子海婴的人们：

　　无情未必真豪杰，怜子如何不丈夫？

　　知否兴风狂啸者，回眸时看小於菟。

　　"於菟"是古代楚国的方言，指老虎。"小於菟"指小老虎，"狂啸者"指大老虎。鲁迅这里用大老虎也知道疼爱小老虎作比喻，来说明英雄豪杰也应该懂得爱孩子。

　　鲁迅爱孩子，首先表现在他对孩子的尊重上。他不认为父亲可以有权随便支配孩子。海婴生下来不久，一天早晨，鲁迅问夫人许广平："你想好没想好给儿子起个什么名字？""没有。还是你起吧！"许广平用期待的眼光望着鲁迅。

　　"我想起两个字，你看怎么样？"鲁迅深情地看了看儿子，微笑着对许广平说："因为是在上海生的，是个婴儿，就叫他海婴。这名字读起来颇悦耳，字也通俗，但却绝不会雷同。译成外国名字也简便，而且古时候的男人也有用婴字的。战国时齐国相名叫田婴。如果他大起来不高兴这个名字，自己随便改过也可以，横竖我也是自己再另起名字的，这个暂时用用也还好。"

　　由于工作忙，鲁迅和许广平经常是轮流着照看自己的儿子。轮到鲁迅"值班"带孩子，他总是抱着海婴坐在床头上，手里弄着香烟盒、火柴盒之类的东西，用手指有节奏地弹着，发出锵锵的响声，逗儿子高兴、发笑。孩子一高兴，就站立在他的大腿上不停地乱跳。不一会儿，跳倦了，他就把孩子横在手臂上，在小房间里边走来走去，边哼着他自编的《催眠曲》——平平仄仄平平仄的诗歌调子：

　　　　小红，小象，小红象，

　　　　小象，红红，小象红；

　　　　小象，小红，小红象，

　　　　小红，小象，小红红。

　　有时，鲁迅就改口用"吱咕"两个字唱起仄仄平平仄平平的调子。就这样，他一遍又一遍地唱呀，唱呀，直到孩子在他的怀中睡熟时才停下来。

　　鲁迅很重视孩子的玩耍和游戏。他认为，游戏是儿童最正当的行为，玩具是儿童的天使。在没有儿子海婴之前，他去街上，除了到书店买书外，其他杂货店连看都不看一眼。有了儿子以后，他每次上街，都要到玩具摊前转一转，留心给海婴挑选玩具。他买过一套木工工具玩具，儿子常常高高兴兴地用它来敲打钉子，钻木块，装作小木匠盖房子。

　　海婴懂事以后，和其他所有孩子一样，总爱问这问那，提出许多"是什么""为什么"的问题：

　　"爸爸，为什么下雨了？"

　　"爸爸，树叶为啥不一样呢？"

　　"爸爸，水开了为什么要冒气呢？"

　　……

　　鲁迅虽然往往忙得不可开交，可他对儿子提出的问题却从来不是丢下不管。他很注意孩子的求知欲和想像力。他认为，儿童有丰富的想像力，天真活泼，做父母的应该了解儿童的心灵世界，懂得他们的兴趣爱好，用丰富的精神食粮去哺育他们，使他们健康愉快地成长，成为高尚文明的人。他说："孩子是可以敬服的，他常常想到星月以上的境界，想到地面以下的情形，想到花卉的用处，想到昆虫的语言；他想飞上天空，他想潜入蚁穴……"

　　因此，鲁迅常常给儿子讲一些具有科学性、知识性、趣味性的故事：狗熊是如何生活的，萝卜是怎么样长大的，等等。对儿子提出的问题，他几乎是有问必答，总是不厌其烦地、耐心细致地给予解释。

　　有时，海婴提出的问题简单，鲁迅便直接告诉答案；有时，问题稍繁，他便答应以后讲故事时再详细给予解答；也有时，提出的问题，即使讲了，儿子也不懂，就和颜悦色地对儿子说："你现在还不懂，等将来长大了，读了书，慢慢会懂的。现在爸爸先不讲，好吗？"每逢这时，海婴总是歪着小脑袋，像思考什么问题，等爸爸一说完，便叫起来："快给我书！快给我书！"

　　有一次，海婴问父亲：

　　"爸爸，你是谁养出来的呢？"

"是我的爸爸、妈妈养出来的。"鲁迅和蔼地回答儿子说。

"你的爸爸、妈妈是谁养出来的?"儿子又问。

"是爸爸、妈妈的爸爸、妈妈养出来的。"

"爸爸、妈妈的爸爸、妈妈,一直到从前,最早最早的时候,人是哪里来的?"

"是从——单细胞——来的。"

"没有单细胞的时候,所有的东西都从什么地方来的?"海婴继续问道。

鲁迅觉得,这个问题不是几句话可以说清楚的,而且也不是几岁的幼小心灵所能弄懂弄通的。为了不使儿子求知的希望落空,他亲切地告诉海婴:"等你大一点儿读书了,知识丰富了,我再告诉你。"

海婴一天天长大,也越来越顽皮了。但是,鲁迅从来不无缘无故地训斥孩子。他既不同意用粗暴压服的方法,对孩子非打即骂,也不同意放任自流、娇生惯养,使孩子在家里成为霸王。他认为,这两种家庭教育方法都是错误的，有害的，既不利于儿童身心健康成长，于国家、社会也极为有害。

他指出：第一种错误的教育方法，"是终日给以冷遇或呵斥，甚而至于打扑，使他畏葸（xi）退缩，仿佛一个奴才，一个傀儡，然而父母却美其名曰'听话'，自以为是教育的成功，待到放他外面来，则如暂出樊笼的小禽，他决不会飞鸣，也决不会跳跃。"

第二种错误的教育方法，"是任其跋扈，一点也不管，骂人固可，打人亦无不可，在门内或门前是暴主，是霸王，但到外面，便如失了网的蜘蛛一般，立刻毫无能力。"

对孩子的事情，鲁迅从来都是认真对待，从不鲁莽地去处理。

一次，鲁迅和几位客人到饭馆去吃饭。买的几样菜里有一碗鱼肉丸子，客人们吃了，都赞不绝口，说这个菜有特殊的风味。

"哎哟，不好吃，不好吃！"儿子海婴吃了一口鱼肉丸子，却哇哇乱叫，并把嘴里的丸子给吐掉了。

"怎么，你吃不惯呀？"一个客人问海婴。

"不是。这鱼丸子不新鲜了。"海婴的头摇得像拨浪鼓一样。

人们觉得很奇怪，甚至不相信，以为海婴在撒娇。因为他们吃到的鱼丸子都是味道鲜美的。鲁迅没有说什么，却伸过筷子，把海婴咬过一口的鱼丸子夹了过来，尝了尝。果然，这个鱼丸子是不新鲜了，确实变味了。

原来，这碗鱼丸子，多数是好的，中间也混杂了一些变味的。鲁迅尝过后，把它吐掉了。事后他说："孩子吃了说不新鲜，总有他的道理的。做父母的无论孩子发生什么事情，若是不加以查看，就随便不相信，不理会，甚至严厉训斥，轻易抹杀，是不对的。"

有时，孩子做了错事，鲁迅总是循循善诱，指出问题，使孩子既改正了错误，又增长了知识。他常常通过讲童话故事，培养孩子的好思想、好品德，使海婴渐渐能明辨是非，区分善恶，并且愈来愈增强了求知欲望。

鲁迅还要求孩子学习要刻苦努力，求得真才实学，不要贪图虚名。

1936 年，鲁迅在他逝世前一个多月写的一篇散文《死》中，提出了自己的"遗嘱"，其中第五条写道："孩子长大，倘无才能，可寻点小事情过活，万不可去做空头文学家或美术家。"

鲁迅是一个伟大的共产主义战士，他对儿子的关怀和教导，是同他对人类美好前途的向往分不开的。他认为，孩子是未来事业的接班人，教育孩子是父母应尽的义务。他曾指出："应该尽教育的义务……培养他们有耐劳的体力，纯洁高尚的道德，广博自由能容纳新潮流的精神，也就是能在世界潮流中游泳，不被淹没的力量。"

他还告诫做父母的说："自己背着因袭的重担，肩住了黑暗的闸门，放他们到宽阔光明的地方去；此后幸福的度日，合理的做人。"

鲁迅是这样寄希望于天下做父母的，他自己也正是这样做的。

谁也不能当寄生虫

李大钊（公元 1889 年～公元 1927 年）是中国最早的马克思主义者，中国共产党的创始人之一。字守常，河北乐亭人。1913 年留学日本，曾参加反袁世凯运动。1916 年回国，历任北京《晨钟报》总编辑、北京大学经济学教授兼图书馆主任和《新青年》杂志编辑。十月社会主义革命后，接受和传播马克思主义，发表《庶民的胜利》《布尔什维克主义的胜利》等著名论文，创办《每周评论》，积极领导了"五四"运动。1920 年在北京组织共产主义小组。中国共产党成立后，负责北方区党的工作。在国共合作期间，帮助孙中山确定"联俄、联共、扶助农工"三大政策，在改组国民党的工作中，起了重要作用。1927 年 4 月 6 日被军阀张作霖逮捕，28 日在北京英勇就义。

在革命战争年代，李大钊总是尽一切可能抓紧对子女进行教育。他深知，在恶劣的环境中，要使孩子们健康地成长，最重要的是对他们进行共产主义的思想和品德教育。

在孩子们小时候，李大钊从一家拍卖行买回了一架旧风琴，经过洗洗擦擦，跟新的差不多。只要一有空闲，他就坐在风琴前边，带着孩子们边弹边唱起来。

夏天的一个晚上，李大钊将儿子李葆华、女儿李星华叫到跟前，说要教他们唱歌。孩子们听说要学歌，心都乐飞了。父亲先让他们唱了一支《小动物》歌，又让他们唱当时在学校学的歌给他听。

孩子们一个个站得笔直，给父亲唱起了他们最熟悉的《校歌》：

啊，我们可爱的孔德，

啊，我们的北河沿！

你永是青春的花园，

你永是美丽的王国！

饮我们幸福的甘泉，

给我们生命的力。

啊，我们可爱的孔德，

啊，我们的北河沿！

……

孩子们激动兴奋，满以为把歌唱完，能得到爸爸的夸奖，不料爸爸却幽默地说："北河沿是一条又脏又臭的臭水沟。我天天到北京大学去，都从那里经过，里面常泡着死猫、烂狗，臭烘烘的，怎么能说是孩子们青春的花园，美丽的王国呢？这个歌太不现实了，这不是教孩子们睁着眼睛撒谎吗？"

紧接着，李大钊又循循善诱地告诉孩子们说："要说这是一种愿望，还可以讲得通。要建设称得起是青春的花园、美丽的王国这样合乎理想的学校，在今天的社会里根本做不到。只有将来实现了社会主义、共产主义，我们的孩子才能高高兴兴地进那样青春的花园、美丽的王国！"

听父亲这么一讲，孩子们觉得很有道理，再也不愿意唱这支《校歌》。于是，父亲开始教他们唱《国际歌》。他一边弹琴，一边用低沉的声音唱着。他告诉孩子们："不能唱得声音太大，要是叫街上的警察、暗探听见，是会把我们逮起来的。"

李大钊一边教唱，一边给孩子们讲解歌词的意思。给孩子们印象最深的是"不要说我们一无所有，我们要做天下的主人""是谁创造了人类世界？是我们劳动群众。一切归劳动者所有，哪能容得寄生虫"这些歌词。为让孩子们深刻理解这些歌词，李大钊用家乡一位穷苦大爷一年到头，起早摸黑，辛辛苦苦地干活，到头来全家人还是吃不饱穿不暖的实例，给孩子们进行讲解。他告诉孩子们说，那些不劳而获的地主、资本家，都是剥削劳动果实的寄生虫，早晚要被人民打倒。

孩子们听爸爸这么一讲，就更爱唱这首歌了。

随后，李大钊又教孩子们唱起《少年先锋队歌》：

> 走向前去呵！
> 曙光在前，同志们奋斗！
> 用我们的枪炮和热血，
> 开自己的路！
> 勇敢向前，稳住脚步！
> 高举鲜红的旗帜，
> 我们是——
> 工人和农民的少年先锋队！

有时候，李大钊还喜欢唱教堂里的一首赞美诗。诗里说：

> "禾捆收回家，禾捆收回家，我们就要欢喜，
> 禾捆收回家！"

孩子不理解：爸爸不信宗教，怎么还唱教堂里的赞美诗呢？

李大钊向孩子们解释说："你们看农民们辛辛苦苦地种了庄稼，收获的时候是多么欢喜呀！他们忘记了辛苦，只有快乐。我们的革命也是一样。现在，反动阶级想尽一切办法攻击我们，歪曲和诬蔑我们的主义和学说，我们是不怕的。我们要挺身和他们斗争到底，我们要用最大的努力把革命的种子撒得到处都是。他们对我们是毫无办法的。等到革命胜利的那一天，我们会像农民把庄稼收回家来一样的快乐呢！"

李大钊不仅从思想上教育孩子们，还特别注意让孩子们亲身参加一些革命活动，在革命实践中锻炼他们的革命意志。有一年的"三八"妇女节，他带女儿星华去参加纪念会。大会开始后，高唱《国际歌》，星华感到这支歌是那样的雄浑有力，动人心弦，激人奋进。散会后，在回家的路上，爸爸叮咛女儿，小心身后有人盯梢，要注意多转几个弯。星华觉得后面的确好像有人在跟着，她紧随爸爸拐了好几个弯，才把身后的"尾巴"甩掉，安全地回到家里。

这天晚上，李大钊给孩子们讲了"三八"妇女节的来历和意义。他

和夫人赵纫兰用他们的亲身经历，用他们耳闻目睹的妇女受压迫、遭凌辱的悲惨事实，教育孩子们。他说："你们这一代比起你母亲她们来好了一些，但是离妇女的彻底解放还差得远呢！将来的女孩子，比你们今天的境遇，一定要好得很多很多！"

有时候，李大钊还通过让孩子参加劳动，来培养孩子们热爱革命的崇高思想。有一年寒假的一天，大雪纷纷扬扬地下个不停，院子里像是

盖上了一层很厚的棉被，树枝上也积满了雪。李大钊想：环境越艰苦，越能磨炼人的意志。何不借这个机会，让孩子们到院子里扫扫雪，锻炼锻炼呢？他对孩子们说："下这样大的雪，你们还不去拿扫帚到院子里扫雪！"

外祖母担心孩子们冻坏了，不赞成孩子们扫雪。李大钊笑着说："孩子们应当从小养成吃苦耐劳、热爱劳动的好习惯，免得长大了什么也不会做。人经常活动活动，身体也会更有抵抗力，老是呆在屋子里不动弹，就更怕冷了。"

李大钊和孩子们一起动手扫雪，边扫边不停地讲："将来谁也不能当寄生虫，谁要是不劳动，谁就没有饭吃。"他一会儿又说："我小时候，有谁说劳工神圣呢？我爷爷教我念书，不让我到外面看耍钱的。我要是不照他的话去做，他就用劳动处罚我，叫我背粪箕子去捡粪，或上房去翻晒麻。这倒好，我受到处罚，才体会到劳动人民的伟大。今天，我们亲耳听到劳动人民当家作主了，劳工神圣的事在苏俄真正实现了！"

孩子们一边扫雪，一边听爸爸激动人心的谈话，一点也不觉得冷和累，越扫越起劲。他们感到：他们就是劳工，正在干着神圣的事业。

儿女的良师

　　陈鹤琴（公元 1892 年～公元 1982 年），浙江上虞县人，中国现代教育家、儿童教育家。1914 年清华大学毕业后留学美国，1917 年毕业于美国约翰斯·霍普金斯大学，1919 年获哥伦比亚大学师范学院硕士学位。回国后任南京高等师范学校教授、东南大学教务长。新中国成立后，曾任南京大学师范学院和南京师范学院院长，全国政协委员和江苏省政协副主席。1979 年以后，任江苏省人大常委会副主任委员、中国教育学会名誉会长、全国幼儿教育研究会名誉理事长及江苏省心理学会名誉理事长。

　　陈鹤琴一生致力于儿童教育研究工作，做出了巨大贡献。他不仅在学校里研究儿童教育，就是在家里也没有放下他的研究课题。他的 7 个子女在小时候都曾经是他研究观察的对象。他的《儿童心理之研究》和《家庭教育》两书，都是他根据对自己孩子的观察、研究和教育写出来的。他的学术著作具有深厚的实践基础，因此，对儿童的家庭教育实践也具有很大的指导意义，深受儿童教育工作者和家长的欢迎。

　　大儿子陈一鸣还不满周岁，就被陈鹤琴抱到当时他任教的南京高等师范学校课堂上去，作为活"教具"。活泼、天真的一鸣看到一群人围着他笑，逗他学说话，学走路，以为是在做游戏，高兴得大笑。他哪里知道，这是父亲在上心理学课，探索儿童心理发展和儿童教育的规律。

　　陈鹤琴一生献身于教育事业的精神，深深教育着他的儿女们。

　　那是 1945 年 1 月，他的次子陈一飞在家度寒假，父亲送他到赣江上游四五十里地外的一个电池厂当学徒工。陈鹤琴一贯主张，多学会一种技术总是有用的，艺不压身，应该从小劳动，从小锻炼。一飞干了不到一个月，他发现工人们都走了，日本鬼子向赣州进攻了。一飞大吃一惊，赶紧跑到父亲工作的幼师学校，一看，学校已经空无一人了。"父亲怎么把我给忘了？"一飞急得出了一身冷汗。这时风声越来越紧，国民党赣州城防部队准备炸毁赣江大桥。他想，必须赶上父母，不然桥一断就更难找了。他随着逃难的人向雩都跑去，一边跑一边委屈地想："父亲怎么不管我了呢？"

一飞一路跑，一路打听幼师的行踪，他认为父亲一定和幼师的师生在一起。当他找到幼师队伍以后，却没有见到父亲。

原来父亲还没有离开赣州呢。在全城人心惶惶的时刻，父亲还在不分昼夜地筹款、筹粮、雇船，为全校二三百人的逃难奔忙。管理船舶的办事员问这位老校长："你有多少孩子，要租这么多船？""有200个！"陈鹤琴回答。他把所有的学生都当做他自己的孩子，唯独忘了被他送去学工的儿子一飞。

事后，从别人钦佩、赞叹、感激的口吻中，一飞深深感到自己有一位可敬的父亲，并从父亲的行动中懂得了应该怎样对待工作，对待别人。他在逃难中的委屈情绪早已烟消云散了。

陈家的几个儿女，待人接物一向是诚恳和蔼、谦恭有礼的，因为他们从小就是在这种气氛中长大的。从最大的儿子一鸣到最小的女儿秀兰，谁都没有受过父亲一句呵斥，更没有挨过打。并不是他们天生的都听话懂事，他们也曾经淘气，曾经执拗倔强。但这一切在陈鹤琴温和的启发诱导下，都像阳光下的冰块不知不觉地消失了。

最小的女儿秀兰在五六岁的时候，吃完饭常常把碗放在桌边，稍不注意就把碗碰掉打碎了。父亲没有训斥她，而是温和地把她叫过来说："这个碗应该怎样放呢？"秀兰仔细端详自己的碗，明白了父亲的意思，说："把碗往里边放。"

儿子一心小时候贪玩，吃饭时也不知来帮忙。父亲说："快要吃饭了：一心，我们应该做些什么呢？"一心想了想，赶紧动手帮助摆碗筷。

陈鹤琴要求孩子有礼貌，他自己先做到对孩子们有礼貌。他叫孩子做了事，一定说"谢谢"。他出门以前，一定对孩子们说"再见"。有时孩子们忘了，他就先对孩子们说，然后再问："你们应该讲些什么?"

陈鹤琴就是这样，用他那和蔼的态度和以身作则的行为，达到别的父母用棍棒不能达到的教育目的。

他热爱孩子，但从不溺爱孩子。1941年，秀云、一飞、一心、秀兰跟着母亲来到江西幼师。陈鹤琴就给11岁的一飞和9岁的一心上了一堂课。他把两个男孩子带到一间尚未修理完工的房子里，指着还没有糊泥粉刷的竹片墙说："这是给你们安排的第一课。"又指了指旁边的泥瓦匠说："他就是你们的老师，你们向他学习抹墙。"说完，他带着孩子们干了一会儿，就忙别的去了。几天以后，一飞和一心把墙抹好了。陈鹤琴看到粉刷得雪白的泥墙，高兴地说："你们做得多好，现在学会了吧？要知道，人人皆我师，处处有学问啊!"

"人人皆我师，处处有学问。"这两句话，陈鹤琴曾题在一本《联共（布）党史简明教程》的扉页上，送给次子一飞。这与"做中学，做中教，做中有学问"，同是陈鹤琴教育思想的重要组成部分。他以此教育学生，也以此教育儿女，使儿女不仅学会了劳动技能，学会了独立生活的能力，也学会了尊敬劳动人民。

陈鹤琴喜欢勤劳，反对懒散。他自己从不闲着，也不喜欢孩子们闲着。只要看到谁在闲逛，他立刻会说："来，别闲着，浪费光阴是可耻的!"他马上会给孩子一本书或者分配一件什么工作叫他去做。

为了教育孩子们，陈鹤琴常常给孩子们讲自己早年的生活、学习和工作情况。陈鹤琴小时候，家境贫寒，有一段时间依靠他母亲为人洗衣服来维持生活，哪有钱供他上学呢？可是他最爱读书，终于感动了他的姐姐。姐姐把嫁妆变卖了供他上学。以后，他就靠奖学金来上学。他只读过三年私塾，要赶上去，只有加倍努力，勤奋读书。黎明即起对他来说已是迟了，他常常赶在黎明以前起床，迎着第一道晨曦的光辉去读书。

苦读使他的学习成绩突飞猛进，中学第一学期在10名之内，第二学期一跃成为第四名，后来竟夺得第一名。苦读使他在1000多人中考取了到清华大学读书的奖学金，然后去美国留学，也是苦读使他在美国吸取了许多有益的知识。

他在霍布京大学和哥伦比亚师范学院攻读时，抓紧一分一秒，连暑假都不休息。他所学的知识后来都有了用武之地：在创办南京鼓楼幼稚园时，他用学过的园艺学布置校园；用学过的养蜂学知识来养蜂；江西幼师经费少，他带着学生种菜、养鸡鸭，做到丰衣足食。陈鹤琴还用他学过的知识深入浅出地编了许多教材和儿童知识丛书。

在陈鹤琴的言传身教之下，他的 7 个子女都很勤奋，几乎都是在十几岁就离家参加工作，或者边上学边工作，以自己工作所得来贴补生活，没有一个依赖家庭。

在学习和工作面前，陈鹤琴是个硬汉，可是见了别人有困难，他的心都很软。他的工资并不少，但陈家的生活都十分俭朴，有时连子女的学费都要去挪借，因为他常常对急需用钱的人们和单位慷慨解囊。

1938 年冬，有一天陈鹤琴正在开会，有人进来说外边有个人快冻死了！他一听，急忙打听："人在哪里？"找到那个垂危的难民，立即用汽车送往医院抢救。

陈鹤琴小时候受过苦，深深同情天下一切受苦人，他也把这种感情带给了子女。

1937 年"八一三"事变后，那一年，女儿秀霞 15 岁，秀瑛 12 岁，秀云 11 岁。学校停课了。陈鹤琴说："你们也来为难童做一点事吧！"他把 3 个女孩子带到离家不远的一个难民收容所里。那里全是几个月到 1 周岁左右的婴儿，日本飞机轰炸的时候，母亲伏在他们的身上，他们才捡回了一条命。母亲死去了，这些婴儿几乎个个带着伤。夏天的炎热使伤口很快地化脓了。室内弥漫着大小便、汗液和药水的气味。秀霞三姐妹的工作是帮助看护人员给婴儿喂奶、换药、清洗……陈鹤琴叫她们别怕脏怕臭。他说："人不能只为自己，要为别人服务，要帮助受苦的人。"

陈鹤琴搞报童教育工作时，他家的客厅也利用上了，支起小黑板，摆上小板凳，就变成流浪儿的课堂。秀霞、秀瑛、秀云都当过小先生，教他们识字、唱歌。陈鹤琴鼓励这 3 个女儿这样做。他说："你们有机会上学，有了知识，要即知即传，传给更多的像你们一样大，但没有机会上学的孩子。"

三姐妹和那些苦孩子交上了朋友。秀云看他们太苦，连玩具也没有，悄悄地把零用钱攒起来，买了十几个小皮球，送给他们。陈鹤琴知道了，高兴得好像秀云给他买了什么珍贵的礼物。当难童们兴高采烈地踢起小皮球时，秀云第一次尝到了做好事的快乐。

陈鹤琴教子女如何做一个正直的人，也支持子女一切正直的行为。一鸣、一飞、一心、秀霞、秀瑛、秀云六人在解放前就接受党的教育，成为中共党员。那时，党的活动尚处于地下，他们不能把自己的身份告诉父母。但是陈鹤琴以一双睿智的为父者的眼睛，已经觉察到儿女们所选择的道路。

1946 年以后，陈家已成为地下党的联络点之一，不少同志在这里开会、研究工作，连小妹妹秀兰都会自觉地为哥哥姐姐安放联络暗号：一盆花或一条黑带子，要是没有这些标志，就不能进来。陈鹤琴知道儿女们在做什么，他不但不干涉，还热心地保护和支持，只是不时关心地嘱咐："小心一些！"

抗日战争胜利后，陈鹤琴当校长的上海幼稚师范成了上海的民主堡垒之一。他把被国民党反动派迫害的进步教授杨晦、夏康农、朱洁夫等请来任教；安排被国民党反动派开除的学生陈鹤琴来上学。

后来，形势越来越严峻了。他的儿女有的被特务盯上，不能回家，有的不能继续上学，有的要转移到解放区或别的地方去。他都热情支持。1945 年暑假，秀瑛和一些进步学生因参加学生运动被圣约翰大学的汉奸校长开除，党的地下组织发动"反开除斗争"，陈鹤琴也参加了这场斗争。

1949 年 5 月 10 日，上海市郊已响起解放大军隆隆的炮声，国民党特务宪兵还在大肆捕杀共产党员和进步人士。晚上 10 时许，街上已经戒严了，远处又响起警车恐怖的叫声，声音越来越近，最后停在陈家门前。七八个特务直冲进来，翻箱倒柜地搜查。他们在书橱后找出一本《群众》，一本《大众歌曲》，立刻翻脸把鹤琴带走。

押到威海卫路的一个特务机关，已是深夜。凶恶的特务大声喝问："那两本共产党员的书是谁的？""不知道！"陈鹤琴镇静地回答。"从哪里来的？""不知道！""你明天必须说出来！不说就对你不起了！"

这一夜，陈鹤琴心中很不平静。他知道这两本革命书籍不是一飞的便是一心的。他为自己有这么两个有为的儿子而骄傲，他也知道万万不

能透露书是他们拿回家来的……

第二天，特务又逼问他，他回答："书是我的！""你从哪里弄来的？""别人寄给我的！""谁寄给你的？""不知道！"

特务大为生气，拍着桌子吼叫："你怎么会不知道？他们为什么寄给你不寄给我？"

陈鹤琴冷笑一声说："因为我是中国著名的幼儿教育家，大家知道我，不知道你，所以不寄给你！"

这个回答把特务噎得张口结舌，半天说不出话来。此时此刻，陈鹤琴已把生死置之度外，不怕狗特务张牙舞爪了。

后来，陈鹤琴的友人四处奔走，才把他保释出狱。一飞、一心听到父亲谈起狱中的遭遇，想到父亲虽然不是共产党员，但为了革命利益，几乎牺牲，自己作为他的儿女更应全心全意地投入革命。

出狱后，陈鹤琴更尽心地支持他们。国民党反动派的倒行逆施，使他更进一步认识到只有共产党才能救中国。1951年，抗美援朝的时候，最小的秀兰报名参军，母亲有点舍不得："6个大的都离开自己身边，剩下1个小女儿还不能留下吗？"陈鹤琴听到这个消息，立刻从南京赶回上海，说服了老伴，让秀兰参军。秀兰在甘肃勤勤恳恳地当了多年的军医，直到前些年，为了照顾年已九旬卧床不起的父亲，组织上才把她调回南京。

陈鹤琴先生把自己的精力和心血都倾泻在他的学生和子女身上；把自己的优秀的品德、精神都留在他们的心里。像接力赛跑一样，他们在他的基础上向前跑，他们的成就里也有老教育家、慈父的一份。稻子吸收养料结出沉甸甸的稻穗，每一颗稻粒又将变成种子结出更多的稻穗。老教育家陈鹤琴教育自己的子女的意义，也正在于此吧！

因为我有一个好爸爸

徐悲鸿（公元 1895 年～公元 1953 年）是我国现代画家、美术教育家。江苏宜兴人。少年时代，他刻苦学画，后留学法国。曾经携带中国近代绘画作品赴法国、德国、比利时、意大利及苏联展览。抗日战争期间，屡屡以自己的作品在国外销售，得款救济祖国难民，并参加民主运动。他长期从事美术教育工作，新中国成立后任中央美术学院院长、中华全国美术工作者协会主席。

徐悲鸿是一位富有正义感和强烈民族自尊心的爱国艺术家。1919 年～1927 年，徐悲鸿在欧洲留学。那时，中国留学生在外国，不仅经济上困难，而且政治上受歧视。有个洋学生向徐悲鸿挑衅说："中国人愚昧无知，生就当亡国奴的材料，即使是把你们送到天堂里去深造，也成不了才。"这话激怒了具有满腔爱国热血的徐悲鸿，他严肃地说："那好，咱们俩竞赛吧！我代表我的祖国，你代表你的国家，等学习结业时，看到底谁是蠢才，谁是人才！"

从此，徐悲鸿怀着为我中华民族争光的坚定决心，刻苦努力，经常到罗浮宫、凡尔赛等巴黎的各大博物馆临摹世界名作，一去就是一整天，不到闭馆的时间不出来。有志者事竟成。徐悲鸿进入巴黎国立高等美术学校的第一年，他的油画就受到法国艺术家弗拉蒙先生的好评。接着，在一次竞赛考试中，他又获得了第一名。1924 年，他的油画《远闻》《怅望》《萧声》《琴课》等在巴黎展出时，轰动了巴黎美术界。这时候，那个曾向他挑衅的洋学生，不得不承认自己不是他的对手。

徐悲鸿经常用自己的亲自经历，对孩子们进行教育，收到了很好的效果。

1949年的岁首，徐淮地区硝烟弥漫，淮海战役正在激烈地进行。这时，在人民解放军第三野战军先遣纵队独立支队里，有一位女大学生十分活跃。她的名字叫朱全，年方19岁。她作风朴实，不怕艰苦，经常下连队教战士们学文化，学唱歌，把部队的文化生活搞得十分活跃。这位姑娘的来历引起了一些战士的兴趣。从她不怕苦、不怕累，和战士们打成一片的作风来看，颇有点像贫苦人家的闺女；可从她的文化程度和行为举止来看，又似乎不大像。后来，大家才知道，朱全并不是她的真名，而是她的化名。她原来是人们熟悉的大画家徐悲鸿的女儿，真名叫徐丽丽。

有一位小战士走到徐丽丽身边，悄悄地问道："徐丽丽同志，你生长在这样一位了不起的名人家里，可怎么就没有一丁点儿小姐气味呢？要不是得知了你的秘密，我还以为你是俺庄稼地里长大的闺女呢！"

徐丽丽笑了，亲昵地拍着小战士的肩头说："因为我有一个好爸爸。"

是的，徐悲鸿不仅是一位著名的艺术家，还是一位教子有方的好爸爸。徐丽丽的成长过程，每一步都浸透了爸爸的心血。

徐悲鸿非常重视对孩子进行早期教育。在丽丽3岁时，他教她背唐诗，4岁时便教她学法文。

1934年夏，徐悲鸿从欧洲举办个人画展归来，十分忙碌，家中也因此不能按时吃饭。遇到这时候，丽丽盼爸爸回来的心情是可想而知的。

一天，徐悲鸿刚踏进家门，丽丽欢蹦乱跳着扑到爸爸怀里，甜甜地说："爸爸，饭菜都凉了。我肚子饿得咕咕直叫。"他亲了亲女儿那圆圆的脸蛋，说："饿得直叫，也不能忘记老规矩呀！""没忘，法文字母我都会背啦！"父女俩走进屋里，丽丽用悦耳动听的声调，熟练地背了一遍，然后把头一歪，得意地说："爸爸，我可以吃饭了吗？"徐悲鸿摇着头，微笑着对丽丽说："今天还得增加一个新节目。""爸爸，你增加什么新节目呀？""忍耐点，让它再叫一会儿。"徐悲鸿指着丽丽的小肚子说，"丽丽，你能把字母默写下来吗？"丽丽自信地点点头。徐悲鸿说："若是一个字母写得不对，我可要刮你的小鼻子哟！"可调皮的丽丽趁爸爸不留神的功夫，先踮起脚，用手指在爸爸的鼻子上勾了一下。徐悲鸿笑道："你这个小丽丽，又占爸爸的便宜啦！"

徐悲鸿说一个字母，小丽丽写一个字母。爸爸一念完，她就写完了。徐悲鸿满意地给她打了个100分。

丽丽高兴地拍着巴掌跳起来。

"丽丽，你别高兴得太早了，还得背一首唐诗呢！"

"那好，我就背李贺的《雁门太守行》吧！"丽丽站好姿势，一本正经地说："背错的地方，请爸爸徐先生指正。"

"你看，又和爸爸开玩笑了。"

丽丽提高嗓门背诵道："黑云压城城欲摧，甲光向日金鳞开。角声满天秋色里……"

徐悲鸿笑了，说了声："蛮好，请吃饭！"父女一起乐了。

徐悲鸿就是这样从小严格要求、严格训练孩子。

有一次，徐悲鸿外出回家，走到房门口，听见儿子伯阳在向小朋友夸耀自己的爸爸是一位天才的画家。他马上把儿子叫到一边批评道："伯阳，你说错了，爸爸生性拙劣，根本不是什么天才，我也不相信什么天才。我只是爱学画入了骨髓，有一股不达目标不罢休的志气，这是真的。"

接着，他给儿子讲了一段自己学画过程中，"画虎不成反类犬"的故事。

他说："我从小爱画动物。7岁那年，我画了一只小老虎，给你爷爷看。我得意地说：'爸爸，你瞧，这是我画的。'你爷爷左瞧右瞧，不慌不忙地问我：'孩子，你这里画的是什么动物呀？'我自信地说：'老虎呀！'你爷爷摇着头说：'不是虎，我看是条狗。'我不服气地说：'我非画得像老虎不成！'你爷爷听了，很高兴，捋了捋胡子说： '成，有志气！'"

"爸爸，那后来怎么样？你画像了吗？"伯阳急不可待地问道。

"俗话说得好，世上无难事，只怕有心人。几年以后，我不仅学会了画虎，而且画鸡，画马，画牛，都画得像了。"

听完了这段故事，伯阳似乎明白了什么道理，问道："爸爸，你是说，不论干什么事，都得用心是不是？"

"是的。"徐悲鸿看儿子受到了启发，耐心而亲切地对儿子说："什么学问、本领，都是刻苦学来的，不是天生就会的。你懂了吗？"

儿子若有所思地点了点头。

要让孩子在正路上闯

朱自清（公元 1898 年～公元 1948 年）是现代著名的散文家、诗人。字佩弦，江苏扬州人，原籍浙江绍兴，文学研究会成员。在学生时代，他就创作新诗，后又从事散文写作。曾在清华大学、西南大学任教。抗日战争结束后，积极支持反对国民党反动统治的学生运动。1948 年 8 月，因病在北平逝世。著有诗文集《踪迹》，散文集《背影》《欧游杂记》《你我》《伦敦杂记》，文艺论著《诗言志辨》《论雅俗共赏》等。有些诗作和散文表现了对黑暗现实的不满和对光明未来的期待。他的散文以洗炼、文笔秀丽著称。

朱自清是一位很有骨气的爱国知识分子。解放前，在党的领导下，他参加了反蒋反美的斗争，表现了中国知识分子的尊严和气节。对此，毛主席曾作过高度的赞扬。毛主席说："我们中国人是有骨气的……朱自清一身重病，宁可饿死，不领美国的'救济粮'……表现了我们民族的英雄气概。"

朱自清在执教期间，不满帝国主义的侵略，不满国民党反动派的黑暗统治，他亲自写宣言，作报告，参加示威游行，反对美蒋勾结。有一次，一位朋友告诉他，在燕京大学看到的国民党的黑名单上，名列第一的就是朱自清。朱自清听后，轻蔑地说："不用管它！坐牢就坐牢。"

朱自清的这种爱国思想，对生活在他身边的子女影响很大。当时，他的第三个儿子正在中学读书。他受父亲的影响，积极参加各种爱国活动。有位好心的朋友担心这孩子可能出事，便对朱自清的夫人说："孩子在学校里活动得很厉害，思想太左，你可要注意管管他，现在很危险啊！"

朱夫人把这话立即告诉了朱自清，并和他商量怎么办？朱自清却说："左？左才是中国的出路，是青年人的出路！这样乌七八糟的政府，不叫孩子左，难道还叫孩子右吗？"

朱夫人担心地说："这样有危险啊！"

朱自清坚定地说："反美反蒋本来就是危险的事，要让孩子在正路上闯，不能老让他们像小鸡似的，躲在老母鸡的翅膀底下，那是一辈子没有出息的！"

有一次，朱自清发现孩子在作文里引用了鲁迅先生的一段话："今

天，如果还有真要活下去的人们，就先该敢说，敢笑，敢哭，敢怒，敢骂，敢打，在这可诅咒的地方，击退这可诅咒的时代！"他看过之后，不但不责备孩子，反而觉得孩子很有见解，有骨气。便把孩子找来，高度赞扬了他的思想和行动，鼓励儿子不屈不挠，再接再厉，积极、勇敢地参加革命斗争。

为了从思想上进一步武装自己的头脑，朱自清还向孩子借通俗易懂的宣传革命的小册子和艾思奇的《大众哲学》来阅读。他对孩子们说："我过去对这方面的东西了解得很不够，要从头学起，要从初步的东西学起。"他的行动和话语，对孩子是极大的激励。

从此以后，他常常和儿子一起谈论革命道理，参加他们的各种爱国活动。他说："青年人精力足，顾虑少，讨厌传统，讨厌原则；而现在这些传统，这些原则既在动摇之中，简直想一脚踢开去。你们要创造新传统，新原则，新中国，新世界！"

他的话对孩子教育作用很大，影响很深，孩子从他身上学到了不屈不挠的献身精神。从此，父子两个肩并肩地参加了反帝爱国斗争！

送子上"劳动大学"

　　毛岸英是毛泽东同志的儿子，生于 1922 年，1950 年牺牲在抗美援朝的战场上，时年 28 岁。

　　1927 年 8 月，在毛岸英 5 岁时，毛泽东同志领导秋收起义离家，母亲杨开慧带着儿子回到自己的故乡——板仓，从事革命活动。1930 年 10 月，杨开慧同志不幸被国民党反动派逮捕，8 岁的岸英也被带入监狱。杨开慧受尽酷刑，英勇顽强，坚贞不屈，惨遭杀害。杨开慧牺牲后二十多天，敌人才将折磨得骨瘦如柴的毛岸英释放出狱。后来，岸英兄弟流落在上海街头。1936 年年初，上海地下党组织才找到岸英兄弟，设法把他们送到苏联学习。

　　毛泽东同志很关心儿子们在苏联的生活、学习和成长。1941 年 1 月，他在百忙之中抽时间给岸英兄弟写信，对他们的进步表示由衷的欣喜，鼓励他们要有进取的志气。信中说："唯有一事向你建议，趁着年纪尚轻，多向自然科学学习，少谈些政治。政治是要谈的，但目前以潜心多习自然科学为宜，社会科学辅之。将来可倒置过来，以社会科学为主，自然科学为辅。总之注意科学，只有科学是真学问，将来用处无穷。"很显然，毛泽东同志的意思并不是要毛岸英做个不问政治的人，而是要他把自己的思想观点建立在科学的基础之上，并且掌握建设祖国的本领。

　　信中，毛泽东同志还教育岸英兄弟要谦虚谨慎。他说："人家恭维你抬举你，这有一样好处，就是鼓励你上进，但有一样坏处，就是易长自满之气，得意忘形，有不知脚踏实地、实事求是的危险。"

毛泽东同志不希望孩子有依赖父母的思想。他在信中说："你们有你们的前程，或好或坏，取决于你们自己及你们的直接环境，我不想来干涉你们，我的意见，只当作建议，由你们自己考虑决定。"

毛泽东同志对孩子寄予热切的期望，对他们提出了很高的要求，指出了努力的方向。但在信中自始至终都是说自己的话是"建议"，充分体现了父亲对儿子的信任和民主的教育方法。

1946年2月，毛岸英结束了在苏联的学习，从莫斯科回到了延安。

毛岸英长得身材高大，生气勃勃，精力充沛，穿一身蓝色闪亮的条纹装，显得格外英俊魁梧。父子分离十八九个年头了，久别重逢，当然是非常高兴的。但毛泽东同志并没有把毛岸英留在身边。回国没多久，一天，毛泽东同志对毛岸英说：

"你在苏联的大学毕业了，吃了不少社会主义的面包，还参加过苏联卫国战争；可你没有上过中国这个革命的大学，你对中国的情况了解得还很少。而且，你学到的只是书本上的知识，只是知识的一半，缺乏实践经验，这是不完全的。你还需要上另外一个大学，到农村去拜农民为师，这就是去上'劳动大学'。"

听了父亲的一席话，毛岸英说："爸爸，我明白，我愿意向农民学习。"

毛岸英脱去西装革履，换上农民装，带上小米、菜种和行李，准备到毛泽东同志建议的模范村吴家枣园去学习劳动。临行前，父亲一再嘱咐："到乡下去，要和农民一起住，一起吃，一起劳动。"岸英说："爸爸您放心，再苦我也不怕！"

在吴家枣园，毛岸英时刻记着爸爸的嘱咐，专拣重活脏活干，不怕脏不怕累，学会了许多农活，受到农民的赞扬。回延安的时候，毛泽东同志上下打量着又粗又壮的儿子，高兴地说："好啊，白胖子变成了黑胖子！"父亲又看了看儿子的双手，手上满是结成的厚厚的老茧，又笑着说："你的学习成绩还不错嘛！这就是你上劳动大学临时的毕业证书。不过，以后有机会还要继续锻炼。"

从农村回来后，毛泽东同志先让儿子到杨家岭中共中央宣传部跟一些老同志学习，做一些力所能及的工作；1947 年 3 月，毛岸英又被派到山西兴县和临县参加土地改革，后又到河北平山西柏坡参加全国土地会议。在这个过程中，他每个月都把自己工作、学习的情况和体会写信告诉父亲。毛泽东同志也经常写信勉励他。1947 年 10 月，毛泽东同志在给岸英的回信中说："一个人无论学什么或做什么，只要有热情，有恒心，不要那种无着落的与人民利益不相符合的个人主义的虚荣心，总是会有进步的。"毛岸英把这一段话用毛笔工工整整地抄写在笔记本的第一页上，作为自己的"座右铭"。他时刻铭记父亲的教导，与人民打成一片，全心全意地为人民的利益而学习、工作。

1950 年，抗美援朝一开始，毛岸英就报名上前线，父亲热情赞扬并支持儿子去。在战争中，毛岸英献出了年轻而宝贵的生命，他不愧是毛泽东同志的好儿子，也不愧是中国人民的好儿子。

伟大父亲的慈爱

在延安的时候，毛岸英认识了一位叫刘思齐的姑娘，她和毛岸青的爱人邵华是亲姐妹。到了西柏坡以后，岸英和思齐便确定了恋爱关系，并希望结婚。他俩知道，结婚是终身大事，应该得到父亲毛泽东的同意。于是，他俩向父亲直截了当地提出了要结婚的事。

毛泽东问思齐："你正在学习，学校还没毕业，现在结婚不怕影响你的学习吗？"

思齐说："结婚后好好安排安排，不会影响我的学习。"

"岸英是1922年生的。思齐你是哪一年生的呀？"

"我是1931年生的。"

"他比你大八九岁，你知道吗？"

"知道。"

"你还不到18周岁，着什么急呀。反正我同意你们结婚，等一等好不好？"

毛岸英说："好，听爸爸的。"

两个人离开毛泽东的住处之后，不大一会儿岸英又回到毛泽东的房间。

"你怎么又回来了？"毛泽东问。

"爸爸，我今年已经26岁了，我想结婚以后，好专心致志地学习和工作。这样，就不必在这方面花那么多时间和精力了……"

"你的意思，是不是让我同意你们结婚呀？"

"是的。思齐是年龄小一些，可只差几个月就满 18 周岁了。"

听了儿子的申述，毛泽东严肃地说："岸英，你是毛泽东的儿子，不管你说什么，思齐还不满 18 周岁，我不能同意你们结婚!"毛泽东对儿子的无理要求很生气，越说声音越大。

岸英没有料到，父亲会这么跟他发脾气，转身就走了。刚走到院子里，一下子就晕倒了。值班哨兵以为岸英得了急病，连忙把他扶到了一间房子里。

过了几天，岸英向父亲做了检讨，承认了自己的错误。毛泽东笑着对岸英说："很好。这样，你就是一个模范的守法者，而不是一个违法者了。"

岸英进城以后，思齐也来到了北平。1949 年 9 月，岸英和思齐商量好了，决定过一些日子结婚，随后，又征求了思齐妈妈的意见。

婚期初步定下来以后，岸英就跟父亲说了。父亲高兴地说："我同意。你们准备怎么办婚事呀?"

岸英说："我们商量了，越简单越好。我们都有随身穿的衣服，也有现成的被褥，不再用花钱买东西了。"

毛泽东非常高兴："这是喜上加喜。还是应该艰苦朴素。你们结婚是一辈子的大事呀，我请你们吃顿饭。你们想请谁就请谁。你跟思齐的妈妈说说，现在是供给制，她也不要花钱买东西了，她想请谁来都可以，来吃顿饭。"

岸英和思齐经过商量，写了一个请人来吃饭的名单，名单上有邓妈妈、蔡妈妈、康妈妈、谢觉哉伯伯、陈瑾昆伯伯等。

毛泽东看了看名单说："你们只请邓妈妈，请了邓妈妈，还应该请恩来;请了蔡妈妈，还应该请富春;请了康妈妈，还应该请总司令;请了谢老，还应该请王定国;请了陈瑾昆，还应该请梁淑华。还有少奇和光美同志也要请。弼时同志有病住在玉泉山休息，就不要麻烦他了。婚事简办，我完全赞同，这是要改一改旧习惯嘛。"

婚礼完毕，岸英和思齐在晚饭前就赶到了中南海。岸英穿的是在外宾场合当翻译的工作服，思齐穿的是灯心绒布做的衣服，裤子是半新的，方口布鞋是新买的。晚上七八点钟时，伯伯、妈妈和叔叔阿姨们来到中南海菊香书屋的西屋里，都带来了一些小礼品。蔡畅妈妈和康克清妈妈送的是一对枕头套。大家欢聚在一起，非常高兴，都夸岸英和思齐是一对好夫妻，说毛主席找了一个好儿媳妇，并向毛主席祝贺。毛泽东举杯走到思齐的妈妈张文秋同志的面前，对她说，"谢谢你教育了思齐这个好孩子。为岸英和思齐的幸福，为你的健康干杯。"

张文秋同志说："谢谢主席在百忙之中为孩子们的婚事操心。思齐年幼不大懂事，希望主席多批评指教。"

饭后，毛主席说："今天是非常高兴的一天，这喜酒和便饭，是岸英自己张罗的。他办得还可以，我要表扬他。如果办得不好，我也会批评他的。"

抗美援朝战争爆发以后，毛岸英主动请求到朝鲜前线去，毛泽东支持儿子去。1950 年 11 月 25 日，毛岸英不幸牺牲了！这个消息沉重地震撼了毛泽东的心灵。他是一位领袖，也是一位感情极其丰富的父亲。当志愿军总司令彭德怀内疚地对他谈起没有照料好岸英时，毛泽东久久地沉默着，一支接一支地抽着烟，抬头凝望窗外那已经萧条的柳枝，口中轻轻地念叨着《枯树赋》：

"昔年移柳，依依汉南。今看摇落，凄怆江潭。树犹如此，人何以堪！"

他长长地叹口气，深沉地回忆了岸英短暂的一生。稍停，毛泽东昂起头，轻轻走了几步，激昂地说："革命战争总是要付出代价的。岸英是一位普通战士，为国际共产主义事业献出了年轻的生命，他尽了一个共产党员应尽的责任。不能因为他是我的儿子，就不应该为中朝两国人民共同的事业而牺牲。世上哪有这样的道理呀！哪个战士的血肉之躯不是父母所生？"

毛泽东强忍着悲痛，把心血倾注在党和国家的大事上。然而，儿媳妇刘思齐每周必到拜晤，对毛泽东来说简直是一场感情上的灾难。思齐每次来，都要问爸爸收到岸英的信没有？岸英为什么几个月不给我来信？

……毛泽东面对儿媳妇一连串的问话，总是强颜欢笑，装得若无其事地宽慰她。

无情岁月增中减。毛泽东作为父亲，不能也不愿一直扮演世上最难堪的角色。两年后，他终于向思齐诉说他家为革命牺牲的烈士：杨开慧、毛泽民、毛泽覃、毛泽建、毛楚雄……思齐越听越不对劲，朝鲜停战协定都签订了，为何岸英始终没寄回片言只字？难道他……她不敢再想下去了，反而安慰起年迈的父亲。这天，她离开中南海时心慌意乱。

思齐又一次去中南海。毛泽东把周恩来请来一起跟她谈心。周恩来委婉地告诉思齐，为抗美援朝保家卫国，无数战士牺牲了生命，人们永远不会忘记他们。"岸英也是其中之一！"这句话，总理说得很轻，传到思齐耳内却是有如五雷轰顶！她痛不欲生，伏在毛泽东肩头上哭呀，哭呀。毛泽东木然地坐着，脸色苍白，心潮翻滚。周恩来让思齐躺在沙发上，他的手碰到毛泽东的手，心里一惊，急忙对思齐耳语："思齐，你要节哀，你爸爸的手都冰凉啦！"思齐一愣，她又哭着去安慰爸爸……

岸英的牺牲对刘思齐刺激太大了。她寝食难安，神经衰弱。而过去一再怂恿岸英"代表父亲去朝鲜"的江青，此时不但不安慰思齐，却放出谣言，给思齐落井下石。思齐刚刚20岁出头，经受不了这致命的打击，给爸爸写了信。毛泽东复信说："谣言不足信，可以置之不理，因为不胜其理。你的心要清闲些，把身子养好要紧。"

为了学点技术，刘思齐经组织上批准赴苏联留学。毛泽东也同意她换环境，写信给思齐，要她"争口气，学成为国效力。"刘思齐在苏联学习期间，常给爸爸写信，毛泽东化名"德胜"复信，给她以循循诱导。

思齐回国后，江青很快派人把她出入中南海的特别通行证给没收了，还气势汹汹地说："刘思齐不是我们家的人！"刘思齐不能去看爸爸了，内心十分痛苦。1957年以后，毛泽东也搬离中南海丰泽园了。他常给思齐写信，在1959年写的一封信中说：

思齐：不知你的情况如何，身体是否有起色，极为挂念，要立雄心壮志，注意政治理论，要争一口气，为死者，为父亲，为人民，也为那些轻视、仇视的人们争这一口气，我好，只是念你，祝你平安。

父亲 一月十五日

毛泽东在出巡外地时，他仍然惦着思齐。一次，在信中这样写道：

娃：你身体是否好些了？妹妹（指邵华）考了学校没有？我比在家时好些。你烦闷时可看点古典文学，读诗句，可起消愁解闷的作用，久不见甚念。

爸爸 八月六日

1961年，岸英牺牲11年了，思齐仍然孤单一人。毛泽东多次劝她找个合适的男朋友，早些结婚，他把思齐当作亲生女儿。一次信中这样说：

女儿：你好？

哪有忘记的道理？你要听劝，下决心结婚吧，是时候了。五心不定

输得干干净净。高不成，低不就，是你们这一类女孩子的通病。是不是呢？信到回信给我为盼！问好。

父亲 六月十三日

崖泉滴透石玲珑。毛泽东给思齐的这些信，充满了父亲的慈爱。在他的催促下，刘思齐终于同空军航校一位姓杨的同志建成一个幸福美满的小家庭，有了 4 个孩子。每当节假日，他们全家常去探望爸爸。毛泽东乐不可支，心里充满了无限温暖，享受着天伦之乐！孩子们喊叫爷爷的笑声，抚慰着他心灵的创伤。他对著名诗人李白的名句增添了新的感慨，高吟着：

登高壮观天地间，大江茫茫去不还。

黄云万里动风色，白波九道流雪山。

"三好"不能缺一

青少年要德、智、体全面发展，这是毛泽东同志的一贯思想。他号召全国青少年"身体好，学习好，工作好"，更要求自己的子女做到全面发展。

全国解放以后，毛泽东同志认为，虽然已转入和平建设年代，但对孩子们的培养教育不能放松。他要求孩子们要有革命战争年代那么一种革命精神。

毛泽东同志经常勉励孩子们要牢固树立共产主义世界观，要全心全意为人民服务。他觉得，世界观的改造是最根本的改造，任何时候都不能放松对孩子们进行崇高革命品质的教育。有一次，他和儿子岸青、儿媳邵华谈话时说："做个无产阶级的知识分子，必须有马列主义的世界观，任何时候都不要背叛党、背叛人民。"他一边说着，一边拿起毛笔为岸青夫妇写了"不要忘记"四个道劲的大字。

为了建设灿烂的明天，实现远大的革命目标，毛泽东同志希望青少年把主要精力放在学习上。他告诉孩子们，自己年轻的时候，在北京一边读书，一边工作，每天都到图书馆看书，中午就用几个铜板，在小饭摊上买两个烧饼充饥。晚上睡觉，许多人挤在一条炕上。虽然环境很艰苦，可觉得生活很有意义，很愉快。因为看书不断开阔自己的眼界，丰富自己的思想，并且懂得越来越多的救国救民的道理，从而能认识社会，指导实践，树立志向。

善于自学，勇于探讨，是毛泽东同志教给孩子们打开知识宝库的一把钥匙。他反对那种照葫芦画瓢的学习方法，主张只让老师指点一下参阅哪些书籍，从哪些方面去理解，答案却由自己去独立思考。他鼓励孩子们要养成一种扎扎实实求学的好习惯。

他要求孩子们在掌握知识时，要能够学得深、学得实。有一次，他看到孩子在生物课本中介绍达尔文学说的内容，只有 15 页，就要求孩子自己找书看，把达尔文的进化论好好学一学。他要求孩子们在自己喜欢的、将来准备研究的课程上下功夫，花气力，有所见，有所创，努力超出老师所教的水平。不然，即使考了 100 分，也不能算学得好。

毛泽东也要求孩子们有广博的知识。岸英、岸青的俄文学得都很好，他就告诉他们，光俄文好还不够，还必须精通中文，要看唐诗宋词。在给岸英的一封信中，他曾特别强调指出："你要看历史小说、明清两朝人写的笔记小说。"希望孩子们真正把知识学到手，"学成为国服务"，"为国效力"。

毛泽东同志在关心孩子们德育、智育的同时，也把体育放在很重要的地位。岸英和岸青还在很小的时候，他和杨开慧同志就鼓励孩子们多到室外活动，锻炼身体。岸英、岸青在家门前池塘里游泳，在风雨中奔跑、爬树、捉鸟，看见孩子们这样尽情地玩耍，毛泽东和杨开慧不仅不阻拦，反而很高兴。从小的锻炼使孩子们长得很结实，为后来能够经受住艰难生活的折磨，打下了坚实的基础。

1936 年，岸青、岸英去苏联国际儿童教养院途中，路经法国巴黎，附近的几个法国孩子欺侮他们，他们就用学过的中国武术进行自卫，打败了对手。这别开生面的"打架本领"，赢得了一些围观的法国孩子的赞扬。

孩子们长大以后，毛泽东同志无论在与他们谈话，或是写信时，总不忘提醒他们"努力学习，同时注意身体"。他说，如果你有一个美好的愿望，没有健康的体魄，那也是不能实现的。他叮嘱孩子们，在给他写信时，不要只讲学习和思想，也要谈谈身体和健康的状况。

邵华念中学的时候，一次有机会到中南海去玩，她兴高采烈地把自己的成绩单带给毛泽东同志看。毛泽东看后问道："你身体锻炼得怎么样?"邵华回答:"就是跳绳不行,没有通过劳卫制。"毛泽东同志微笑着,和蔼地说:"就一项通不过也不好。'三好'才算好。"在毛泽东同志的鼓励下,邵华加紧锻炼,不久便通过了劳卫制。她还常去游泳、划船、打球、射击,甚至还敢从伞塔上跳伞。

除了要求孩子们积极参加体育锻炼,增强体魄外,毛泽东还要求孩子们注意饮食卫生和劳逸结合。他常说,五谷杂粮都要吃,有营养,对身体有好处。要求孩子们不要偏食,多吃蔬菜,常吃粗粮。他自己吃的饭里,有时也掺些红豆、白薯或小米,还爱吃老玉米。他吃菜很简单,以蔬菜为主,爱吃辣椒。他要求孩子们吃辣子,岸青、邵华直摇头。有一次吃苦瓜,岸青、邵华也不爱吃。于是毛泽东同志既像责备又像说笑道:"你们啊,吃不了辣,又吃不了苦。"

孩子们遇到考试,常常突击看书学习,一坐下来就是很长时间。他反对这样做,主张学习、工作要讲究效率,生活有劳有逸。他开导孩子们说,一个人在疲劳之后,即使再连续学习 10 个小时,也不如休息好了以后学习 1 个小时的效率高。人不经一事,不长一智。我是有这方面体会的。古语说,文武之道,一张一弛。不会休息,便不会学习、工作。弦绷得太紧了,就要断。你们可不要再干那种事倍功半的蠢事了。

毛泽东同志对子女的亲切关怀,促使他们的思想、学习、身体诸方面都发展得很好。

该管要管　该放要放

老一辈无产阶级革命家、党和国家的领导人刘少奇同志的几个孩子在他的精心培养教育下，都很有出息，成为建设社会主义现代化的栋梁之材。

刘少奇同志教育自己的孩子有一定的原则。有一次，他对身边的工作人员说："对于小孩子，一是要管，二是要放。管什么？学习不好，品德不好，没有礼貌……这都要管。什么要放呢？吃苦耐劳的事，经风雨见世面的事，要放手让孩子去干。"

60 年代初，少奇同志的男孩子源源在学校住宿，每周回家一次。当时，学校为了加强与家长的联系，建立了学校家庭联系簿。老师把学生一周的表现写在上面，由学生本人带回家去给家长看。当时，少奇同志担任国家主要领导人的职务，工作是那么忙，但他也要抽出时间，过问此事，有时还写上自己对孩子的批评意见，结尾签上自己少年时代用过的名字。

有一次，学校食堂吃枣窝窝头，源源把大枣挖出来吃了，把窝窝头给扔掉了。老师发现后，开了中队会，讲王愿坚同志写的小说《粮食的故事》，源源很受教育，主动站起来承认了自己的错误。随后，老师把这件事写在联系簿上，少奇同志看过联系簿，当面批评了源源，并在联系簿上写道："要爱惜劳动人民的劳动果实，粮食来之不易，不许糟踏！"

还有一次，少奇同志发现源源让阿姨洗了自己的衣服，就在联系簿上给老师写了一段话："源源应当从小养成爱劳动的习惯，自己的衣服要自己洗，自己的事情要自己做。劳动是光荣的，不劳动是可耻的!"

少奇同志如此严格要求子女，老师深受感动。

一个星期六的晚上，少奇同志到首都机场迎接外宾，他的女儿平平也正好由学校选上去给外宾献花。通常情况，献花以后，学校用汽车把同学们送到市内，再由老师一个个分别送回家里。这一天，天已很晚，少奇同志又在机场，学校的姬阿姨为了不让平平再白跑一趟学校，就把平平交给了少奇同志的警卫员，委托警卫员把平平带回中南海。

少奇同志平日是不准孩子乘专车的，听了警卫员的介绍，才同意下来。平平跑过去见爸爸，少奇同志问她："你跟班主任老师讲过了吗?"平平听了爸爸的话，转身走到班主任老师面前说："老师，姬阿姨让我跟爸爸回家，我可以走吗?"老师说："我知道，你走吧。"

当平平回到爸爸跟前时，少奇同志又问她："你跟老师说再见了吗?"平平一伸舌头，扭头又跑到刘老师跟前，恭恭敬敬地说："老师，再见!"

当她又回到爸爸身边时，少奇同志望望一群少先队员，又郑重其事地说："你跟同学们再见了吗? 要懂得礼貌。"

这样三番五次的，平平被弄得不好意思了，但她还是返回队伍前，向小伙伴们挥手告别。

1958年，电视机刚刚在国内出现，当时还是一种很新鲜的东西，能看到它的人还不多。一天晚上，少奇同志回家，一进庭院就听见孩子们兴奋的叫嚷声，他走进客厅一看，孩子们正围着一台崭新的国产电视机看节目呢。

他走过去问孩子们："电视机是哪里来的?"孩子们说是某某单位送来的。少奇同志皱了皱眉头，没说什么，看了一会儿电视就去办公了。

过了两天，他把孩子们叫到跟前，说："电视机是公家送来的，我们不能据为己有。再说，我们这里有许多工作人员和警卫战士，应当让大家都有机会看。你们说，电视机应当放在哪儿呀?""放到食堂里，机关食堂天天有许多叔叔阿姨吃饭。"孩子们都领会了父亲的意思，异口同声地说。第二天，电视机就搬到食堂里去了。

少奇同志对子女在思想品德的要求和管理上，充分地体现了一个

"严"字；在子女们吃苦耐劳、经风雨见世面方面的"放"上，同样也是体现了一个"严"字。

少奇同志最小的女儿叫潇潇，从小聪明伶俐，全家人上下都喜欢她，少奇同志当然更是喜欢。每天，少奇同志一起床，大家就把她送到爸爸面前，让孩子和他玩一会儿。孩子咿咿呀呀地又笑又唱又说，屋子里充满了欢乐，少奇同志很高兴。

潇潇 3 岁的时候，少奇同志的夫人王光美同志突然决定把她送到幼儿园去。少奇同志身边的工作人员都不高兴，说孩子在家里有多随便啊！

少奇同志说："家里这么多人喜欢她，疼爱她，会把她宠坏的。这样，以后就不容易和别的小朋友相处了。送到幼儿园，她和小朋友一起生活、锻炼，将来长大了才能和群众打成一片啊。"

听了这番话，大家豁然开朗，觉得少奇同志这才是真正从长远、从根本上爱孩子。

1965 年夏天，王光美同志正在河北省新城县蹲点。一天，少奇同志把一位秘书找来，告诉他说："我写一封信，让平平给她妈妈送去。你们不要给她买车票，不要送她上车站，更不要用小车送她，也不要通知光美同志和县委去接她，让她自己走一趟。"

当时平平刚 15 岁，没有单独出过门。新城县离北京有一二百里地呢，她又从没去过。特别是她是个女孩子，秘书心里不免很担心。少奇同志说："这就是'放'嘛，只有这样，才能使她得到锻炼。"

当她突然出现在远在新城县的妈妈面前的时候，在场的人都很惊讶："平平，你是怎么来的呀？"

平平自豪地说："我自己来的呀！买火车票、坐火车、找到妈妈……全是我自己！"

当人们知道这一切都是少奇同志亲自"导演"的时候，无不佩服"导演"的意图。

家书抵万金

刘允若是我们党和国家杰出的领导人刘少奇同志的二儿子。1955年他在苏联学习，学的是飞机无线电仪表。他觉得自己的兴趣在文学，又和同学搞不好关系，便闹着要转学。他接连给爸爸写了几封信，希望得到爸爸的同情和支持，替他说几句话。1956年新年刚过，他在给爸爸、妈妈的信中说：

"从心底里厌恶自己所学的专业，越来越厌恶，兴趣怎么也培养不起来，别人越给我解释专业的重要性，我越感到烦得很，我这样想：让我学，我也没有办法，我就学（因为不学不行，组织力量的约束），反正我将来不干这一行，我去做个小学教员，我也不干什么'飞机装备'！

"寄出这封信以后，我等着两件事：一件是也许在不久以后在大使馆看到我这封信；第二件就是等着一顿骂。说实话，'骂'我已经习惯领受。"

刘少奇同志针对允若信中暴露出来的思想问题，写了好几封长信批评儿子，并且把情况告诉驻苏大使馆党的组织，请大使馆帮助教育。

刘少奇同志的《论共产党员的修养》一书，用共产主义的理想、信念和道德教育了我们整整一代共产党人。刘少奇同志在教育自己的子女时，同样也是运用他在《论共产党员的修养》中论述的原则，结合子女的实际，深入浅出，循循善诱地进行开导。

刘少奇同志在信中首先向儿子讲了学习专业知识的重要意义：

"关于你学什么的问题，在你出国以前，我曾经同你讨论过，我说，不管你将来干什么，我劝你学一门专业，因为学一门专业知识，对于你将来不论干什么工作都有好处，如果别的工作不能干，可以干自己的专业。而如果没有一门专业知识，则可能不论什么工作都难于干好。你现在学完（只要五年）你的专业，不仅不会妨害你将来干别的工作，相反，只会有帮助。例如，孙中山原来是学医的，并不妨害他后来成为伟大的政治家；鲁迅原来也是学医的，并不妨害他后来成为伟大的文学家；毛主席原来是学教育的，并不妨害他成为我们党的领袖；其他这样的例子还很多。如果你是有创造才能的，你现在学完你的专业，难道会妨害你将来去干别的什么吗？不会的，只会有帮助，不会有妨害。正如孙中山、鲁迅学医，毛主席学教育，不会妨害，只会帮助他们后来成为政治家、文学家和党的领袖一样。作一个政治家或文学家，不只是需要一门专业知识，而且要有各方面的知识，要有创造性的天才。

"你说你将来去当教员，那么学好你的专业，不会妨害你去当教员，只会使你当一个更好的教员。"

在信中，刘少奇同志指出儿子的问题不是转学可以解决的，问题在人生观：

"关于调换学校的问题，如果你有足够的理由，是可以向组织上提出请求调换的。但根据你的来信，你要调换学校的理由是错误的。你说：'既不是因为功课重，又不是不喜欢学航空，而是和这一帮人处不下去。'这不能成为要求调换学校的理由。你同这个学校的同学搞不好，到另一个学校难道就能搞好吗？再搞不好又怎么办？还能再调换？转学是要得到大家的谅解和同情的，但你的理由是不会得到任何人的谅解和同情的。而且我认为你现在的问题也不是转学可以解决的，所以你最好不要请求转学。转学对组织对你自己都很麻烦，都要引起损失的。

"在你的来信中还表现了一种悲观情绪，表现了一种错误的悲观的人生观，这是很不好的，青年人不应该有这种情绪。生一点病，是会好的，不应该影响情绪。你所表现的这种情绪，必须力求改变，必须对一切抱乐观的态度，否则，对于你是危险的。"

人生观的问题怎样才能得到解决呢？刘少奇同志特别强调用批评和

自我批评的方法。信中他说：

"你在国内的时候，不多谈话，暴露你的思想问题也不多，因此我也无法在思想上帮助你。你到苏联以后，却写了不少的信给我，因而也就暴露了你不少的思想问题，这就很好，就使我有可能针对你的这些思想问题来帮助你一下，所以我写了好几封长信给你，并把这些信转给了大使馆党的组织，使党的组织也有可能来帮助你。对你的这种帮助表现为对你的错误思想的批评，而你是不大欢迎这种批评的，以为这种批评是说你的短，或者说是在'骂'你，这是不对的。不能把诚恳的恰如其分地指出你某种错误的批评同'骂'人混淆起来。骂人是对人的一种恶意的攻击，也不怎样讲究实事求是，这种毛病，我倒常见你犯过。同志式的善意的批评，则是对人的一种最好的帮助，所谓良药苦口利于病，忠言逆耳利于行，就是讲的这种批评，这是必须欢迎，而不应当拒绝的。接受这种批评，改正错误，也并不丧失什么'面子'，相反，凡是自爱的有自尊心的人，都应当欢迎这样的批评。不要把正当的自尊心同保存一种虚假面子混淆起来，以为接受同志们的批评，改正错误，就丧失了自尊心。

"你说你已经习惯于领受这种批评，这很好。每一个人都应该习惯于虚心领受同志们的批评，这就是中国人所说的'闻过则喜'的态度，是很好的。但不要厚着脸皮，表示一种沉默的拒绝态度或者丧失自己正当的自尊心。"

刘少奇还谆谆告诫儿子要正确对待别人，尊重别人，正确对待自己，努力克服个人主义。他说：

"在你去苏联，我们告别时，我仍旧提出这点要你牢记：不要骄傲，不要看不起人，要尊重大家的意见，要肯于为大家的事情吃一点亏，而且我还引用了鲁迅的名言'横眉冷对千夫指，俯首甘为孺子牛'。不知这些话，你是否记得。你一贯的错误，就是你在劳动人民面前，在同志们面前，不肯'俯首甘为孺子牛'。现在根据你的来信看，你这个毛病不仅未改，而且有了发展。现在你应该向你的组织声明承认错误，请求同志们批评，虚心地接受大家的意见，使相互之间的关系正常起来。就是说，在你的同志面前你要'俯首甘为孺子牛'。当你同你的同学们、你的组织方面搞不好，而且真理又不完全在你这方面时，我是不会支持你的，我只能相信和支持你的组织方面。你必须改正你的错误，否则，坚持下去，还会要犯更大的错误。

"你总以为你自己是对的，别人都是错误的，人家都对不起你，你却没有对不起别人，你没有替别人着想，却要别人替你着想，你不肯为别人而有所牺牲，却要别人为你有所牺牲，你不去理别人，却要别人来理你，这是一种什么态度呢？在同志之间，这不是团结和合作的态度，而是同组织、同集体对立的态度，就是把自己个人放在同集体对立的地位，就是一种个人主义。而个人主义是一种资产阶级的思想，只有集体主义才是无产阶级的思想。你必须抛弃个人主义，接受集体主义。就是在任何时候、任何问题上都要首先考虑集体的利益，把集体的利益放在前面，把个人愿望、个人利益摆在服从的地位；当个人愿望和个人利益同集体利益发生矛盾时，应该肯于为了集体的利益而牺牲个人的利益。你应该下决心成为这样一种人，决心改造自己，加强这方面的锻炼，经常注意个人与集体的关系，一有错误立即改正，否则，你将不会成为一个真正对人民有用的人。"

最后，刘少奇同志在信中还给儿子讲了如何正确对待书本知识、对待分数问题，希望他掌握搞好工作的实际本领。他说：

"有很多这样的人，在学校学习中分数较好的人，但到实际工作中，常常不如分数较少的人，这是什么缘故呢？这是因为学校中学得的知识原来就是不完全的，即使门门都得五分，他的知识也是有限的。而比较完全比较切实的知识，是要在实际工作中去学习的。因此，不要过分重视学校中学得的知识，更不能过分重视所得分数的多少。目前你们的学习是为了你们将来从事的实际工作打下一定的基础，而不是为了得五分。"

刘允若读着爸爸的回信，仿佛爸爸就在他的面前。爸爸亲切的话语，使他心潮澎湃，感慨万千！他想到，中国有句古语："家书抵万金"。爸爸的一封封家书对自己来说的确是无限珍贵的。家书的字里行间，寄托

着父亲殷切的期望，体现着严格的要求。这种期望和要求，充分体现了一个无产阶级革命家对子女深沉的爱和高度的信任。家书像一盏明灯，照亮了他前进的方向；家书是力量的源泉，给他增添了无穷的力量！他决心改正自己的错误，愉快地服从了党的安排，仍攻读飞机制造专业，刻苦努力学习。学成回国后，在祖国社会主义建设事业中做出了贡献。

　　当时，驻苏使馆根据刘少奇同志的指示，曾经把这些信的内容向全体留苏学生做了传达，对于帮助学生克服学习上遇到的困难和解决思想上存在的问题，都收到了很好的效果。刘少奇同志要求把给儿子的家信传达给留苏学生，既体现了一个无产阶级革命家的宽广胸怀，又体现了老一辈无产阶级革命家对年轻一代的热切关心和殷切的期望。

不能搞特殊化

周恩来是我们党和国家的重要领导人，伟大的无产阶级革命家。他一贯坚持无产阶级党性原则，严于律己，以身作则，鞠躬尽瘁，不居功自傲，不搞特殊化，始终以人民公仆的身份，保持着党的优良传统和作风，受到广大人民群众的尊敬和爱戴。他一生身边无儿无女，却抚养了许多烈士的子女。他对自己的亲属要求严格，从不偏爱和娇惯。他一向认为，干部子弟不应该因老一辈的业绩而搞任何特殊化，否则，就会脱离人民，背叛人民。他曾经用清朝贵胄子弟（即八旗子弟）的故事，告诫各级干部和自己不要溺爱子女和亲属。他说：

"这些贵胄都是立有赫赫战功的清朝开国功臣，自小骑马射箭，能征善战，以后带兵灭了明朝，建立起了清帝国。可是到八旗子弟就不行了。他们从小娇生惯养，不骑马了，要坐轿子，整天提着鸟笼子东游西逛，游手好闲，坐吃俸禄，不劳而获，过着骄奢淫逸的生活，直至成为一群腐败无能的大烟鬼。后来，在帝国主义列强面前，他们束手无策，一败涂地，屈膝投降，最后丢了天下。"

周恩来一再嘱咐自己的亲属们：

"你们要严格要求自己，带头执行党和国家的各项规定，不能利用亲属的职权搞特殊化。在任何场合，谁都不准扛总理亲属的牌子，填履历表和入党入团申请书，不准填写周恩来的名字。"

周恩来有一个侄儿，原来在北京钢铁学院读书，毕业后留校工作，侄儿一直遵照伯伯的教导办事，在北京的十年间，他的同学、同事都不知道他和周恩来有亲属关系。后来，他申请入党，组织上派人到他的原籍江苏淮安县调查他的家庭情况和社会关系时，才知道他是周恩来同志的侄儿。

1961年，周恩来的这个侄儿结婚了，他的爱人在家乡淮安县工作，夫妇两地分居。为了解决他们夫妇二人的生活困难，有关领导于1963年把他爱人从淮安调到北京市工作。

一天，他们夫妇俩去看望伯伯和伯母。侄儿把妻子调动工作的事讲了，周恩来一听，脸上的表情变得严肃起来，问他们："照顾夫妻关系，为什么只能调到北京，不能调到外地去呢？"

周恩来用关切而严峻的目光，望着眼前的侄儿和侄媳，语重心长地说："这几年，国民经济遭受困难，中央正在调整国民经济，北京市大量压缩人口，国务院也正在搞下放，你们为什么不执行，而带头搞特殊化？"

侄儿侄媳听了伯伯的批评，知道自己做得不对，违背了伯伯一贯的教诲；但他们又想，既然好不容易调到了北京，就算了吧，以后不再搞特殊化就是了。他们互相使了一下眼色，便低下头，一言不发。

周恩来见他们低着头，不言不语，知道他们的思想还没有通。他觉得，知错不改，下次就可能再犯，如不制止，就会越搞越厉害。要防微杜渐，不能放过任何一件小事。他又耐心而态度很明朗地说："办事情不能首先考虑个人方便，要首先想到国家和人民的利益。当个人利益和人民利益发生矛盾的时候，要服从人民的利益，小局服从大局，全心全意为人民，这才是我们共产党人的优良传统。我的意见，你们还是回老家淮安，那里也需要你们。"

周恩来同志一面耐心细致地教育侄儿侄媳，一面说服有关部门的负责同志，限期让侄儿侄媳回淮安县工作。在伯伯的帮助教导下，侄儿侄媳很快调到淮安县工作了。

周恩来对在身边长大的三个侄儿、侄女，要求同样严格，不许他们有一点特殊，不许有一点优越感，不要以为自己高人一等，要把自己看成普通老百姓。

　　1968 年，侄女周秉健刚满 16 岁，初中就要毕业了。毕业前夕，伯伯把她招呼到跟前，问她："秉健，你很快就要毕业了，有什么打算没有？"

　　"我申请去内蒙古草原啦！"她高兴地告诉伯伯。周恩来对她的选择很满意，亲切地握住侄女的手说："我坚决支持你到内蒙古草原去。"

　　在侄女离开北京的前夜，周恩来勉励她说：

　　"下去要好好干。俗话说：玉不琢，不成器；千锤百炼，才能成钢。你一定迎着困难上，决不能当逃兵。

　　"你到牧区去，要多想些困难。想得太简单了，遇到困难，就容易动摇，要做好战胜各种困难的思想准备。"

　　伯伯的教导时刻激励和鞭策着秉健，她在内蒙古大草原上战天斗地，劳动在前，勇于吃苦，群众很称赞她。两年后，1970 年 12 月，周秉健参军了。

　　周恩来同志知道后，很不赞成，对秉健进行了耐心的教育。他心平气和地对侄女说："应该让牧民、工人的子女到部队里去，你在边疆一样嘛。你参军虽然合乎手续，但内蒙古这么多人里排上你，还不是看在我的面子上？我们不能搞特殊，一点儿不能搞！你说，是吗？"

　　"是！"秉健在伯伯身边长大，很能理解伯伯的话。

　　她继续高高兴兴地同牧民们一起劳动，一起生活，无论是烈日当头的三伏天，还是北风呼啸的三九天，哪里艰苦，她到哪里，她争着干重活、干脏活。不久，便加入了中国共产党。

　　周恩来、邓颖超同志为侄女的进步而高兴，他们要求她事事处处以一个共产党员的标准要求自己，做一个真正的共产党员。

　　1972 年大学招生，牧民们积极推荐秉健。这时，伯伯那充满殷切期望的话语又在她耳边回响：

　　"不要说了不算，又上来哟！要扎根边疆，战斗在边疆，不能动摇，要坚定不移地走到底！"

　　周秉健毅然决然地放弃了上大学的机会。后来，牧民们又两次推荐她去工厂当工人，她都拒绝了。1975 年，领导调她到内蒙古自治区团委工作，她坚持没有去。

　　秉健决心扎根基层，锻炼自己，同蒙族人民一道建设草原。为了更好地向牧民学习，为牧民服务，她很希望进一步掌握好蒙文、蒙语。当她把这个想法向伯伯汇报以后，周恩来非常支持，他告诉侄女：

　　"学蒙文蒙语的事，我和你伯母是赞成的。学习对工作是有利的，也是为了更好地向群众学习。"

　　1975年10月，经牧民推荐，上级党委批准，周秉健到内蒙古大学去学蒙语专业。临行前，她向党支部和牧民们保证："毕业后，就回到草原上来！"

　　当时，周恩来同志已经重病缠身，可他对侄女的成长还时时刻刻挂在心上。邓颖超对秉健说："你伯伯关心你上大学以后，能不能继续走与工农相结合的道路，坚持在牧区干到底，他给你讲了三个字：'还要看！'"

　　精心培育，必然开出绚丽灿烂的鲜花。

爷爷的希望

疼爱隔辈人，这是做祖父母的人的共同心理。然而，究竟怎样做才是真正的疼爱呢？这其中大有学问。老一辈无产阶级革命家、党和国家的主要领导人朱德同志为我们做出了榜样。

1960 年，女儿朱敏的大儿子刘健满 7 岁，该上小学了。上学的第一天，他吵着嚷着要坐小汽车，朱德亲切地教育他说："你要坐小汽车，别人的孩子也要坐，你们要浪费国家多少汽油呀！你今天坐，明天坐，以后还能和没有汽车的小朋友在一起吗？"看小刘健低头不语，朱德又意味深长地说："姥爷像你这么大的时候，早就下地干活、帮助家里做事了。今天你们多幸福呀，可不能变成小泥鳅，全身挺滑，总想钻到泥里舒舒服服睡大觉。"听了姥爷的话，刘健再也不提坐小汽车的事了。

到了孙子、外孙子们上小学高年级的时候，朱德便要求他们周末步行回家。他现身说法，给孩子们讲起了走路的好处："走路好处可多了，可以减少公共汽车的拥挤，可以锻炼身体，还可以熟悉道路。我当初刚到德国留学的时候，连话都听不懂，坐车没法子买票，问路也没法问。我干脆出门就走路，口袋里放一张柏林地图，按照地图到处走，用了不到一个月的时间，就熟悉了柏林的街道，以后出门办事也方便了。"

朱德同志的住处周围有很多果树，一到秋天，果实累累。他一个也不准孩子们摘。他叮嘱孩子们："这都是国家的，要爱护公物，不要损公利己。要吃水果，花钱去买，你们可不能'近水楼台先得月'哟！"

为了使孙子们养成艰苦朴素的生活作风，朱德同志平时在衣、食、住、行等方面对他们要求十分严格。他常对孩子们说："衣服的主要作用是御寒。只要穿上暖和、干净、整齐，就是好衣服。可不能尽想穿好衣服。"几个大一点儿的孩子穿的鞋，通常都是从部队后勤部门买来的战士们上交的旧鞋；衣服，总是大的穿了小的穿，破了，缝缝补补继续穿。

1962年，国家经济遇到暂时困难。为了培养孩子们与群众同甘共苦的好作风，朱德和夫人康克清决定亲自挖野菜给他们吃。一天早晨，朱德和康克清散步回家来，带回许多野菜，高兴地说："今天晚上我们请孩子们吃顿'会餐'。"

晚饭时，饭桌上摆满了马齿菜、苦苦菜、野苋菜等好几碗野菜。孩子们一看，觉得挺新鲜，便抢着夹起吃，吃到嘴里才知不对味儿，吐着舌头说："这是什么菜呀？多难吃。还说什么'会餐'呢！"

朱德同志说："这菜苦吗？这在野菜里还是最好吃的哩！长征的时候，我们连这样的野菜都没得吃，多少战士因为没东西吃牺牲了生命。现在国家遇到了困难，毛主席领导人民克服困难，带头不吃肉。我们要听毛主席的话，同人民共甘苦。"

平时，朱德同志吃苹果、梨，从不削皮。他告诉孩子们，果皮有营养，扔了是一种浪费。吃饭时，他常提醒孩子们，吃多少，盛多少，不要剩下，要吃干净。饭粒掉在桌子上，他总是一粒一粒拣起来吃掉，他告诉孩子们："生活条件越好，就越不要忘记艰苦的年代。"

朱德同志经常教育孩子们要热爱劳动，热爱劳动人民，立志做一个普通劳动者。从孙子们上小学起，就要求他们学会自己料理生活：扣子掉了自己缝，鞋子脏了自己刷，衣服脏了自己洗。稍大一些，就让他们学会生炉子、做饭。他说："这些都是生活的基本功，每个人都要学会。缝缝洗洗，可以培养独立生活的能力和劳动观点。可不能做衣来伸手、饭来张口的小少爷啊！"

有的孙子长大参加了工作，当了工人，朱德很高兴。对他们说："当工人好啊，就是要当工人农民。人类只有劳动才有饭吃，有衣穿。不要光想当官，要当普通劳动者。"

1963年，孙女朱育珍初中毕业时，和另一个女同学相约，一起报名要去北大荒，爷爷非常支持："咱们国家边境线很长，有大片荒地等待你们青年人去开发，你报名到边疆去，这很好啊！"正当全家人帮助育珍准备行装时，相约的那个女同学变了卦，嫌离家太远，也怕当一辈子农民没出息，不肯去了。小育珍也动摇了。朱德得知后，赶紧对小孙女说："青年人做事不要三心二意，优柔寡断，当一代新式农民很光荣。都不想种田，吃什么呢？你要坚定不移！"就这样，在爷爷的鼓励和支持下，年仅16岁的朱育珍愉快地奔赴了边疆。

1969年，外孙刘健也到了黑龙江建设兵团。组织上让他养猪，他嫌脏，写信说想回家。朱德同志亲笔写信对他说："为人民服务不要怕吃苦。养猪也是一项很重要的工作，对劳动不能有高低贵贱之分，要很好地在兵团里锻炼。"信中还意味深长地批评外孙说："你想家，正说明你和贫下中农还没有建立起真正的感情。躺在老一辈的功劳簿上，是没出息，就会变成资产阶级的少爷，聪明也会变傻瓜。"

朱德同志要求孙子们，谁也不能在工作分配、调动上搞特殊化。最小的孙子原在青岛海军某部队工作，1974年儿子朱琦不幸病故。老年丧子，这是很令人悲痛的事。组织上把他的小孙子调到北京，以便照顾爷爷。朱德知道后，很不高兴。他对孙子说："我要的是革命的接班人，不要孝子贤孙！从哪里来的，还应该回到哪里去。你从机关里走出来，到部队基层去锻炼，这对你的成长大有益处。为了我把你调到北京，这是搞特殊化，别人的孙子能这样随便往北京调吗？我的身体很好，你应该安心地在部队工作。"在爷爷的教育下，孙子愉快地到南京部队的一个基层单位去了。

对于孙子们的文化学习，朱德同志也抓得很紧。

孙子们上学以后，平时寄宿学校，每星期六回家，爷爷总是要检查他们的作业和学习手册。写得潦草，或做错了，就要重新做。有的孙子不想重做，嘟嘟囔囔地说："知道哪儿错了，以后注意就行了，为啥偏要重做不可！"遇到这种情况，朱德总是既耐心又严肃地教育他们说："学习文化知识，必须刻苦认真，一丝不苟，来不得半点儿马虎。既然知道错了，为什么不立即改正呢？今天的事情就要今天做完！"

　　一次，大外孙子算术考了 59 分，不及格，他还满不在乎，说："老师出的题，我全会，这回是粗心了。59 分跟及格才只差 1 分！"朱德却不这么看，他对外孙子说："不及格就是不及格，差 1 分也是不及格呀！再说，难道及格就满足了吗？应该争取更好的成绩！学生考试不及格，就是说你这个学生不合格！"接着，又语重心长地说："你们现在多幸福啊，一到年龄就能上学。我小时候，家里没有一个人读过书，后来东借西借才凑点钱，供我一个人上学。你们要珍惜这优越的学习条件呀。长大了，要为人民服务，就得要有真才实学。"

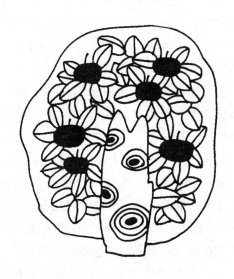

珍惜过去　面向未来

　　董必武（公元 1886 年～公元 1975 年）是中国伟大的无产阶级革命家，中国共产党的创始人之一，党和国家卓越的领导人之一，又名用威，湖北黄安（今红安）人。在青年时代加入孙中山领导的同盟会，参加了辛亥革命，从事反帝反封建的革命斗争。1920 年在湖北建立共产主义小组。1921 年出席了中国共产党第一次代表大会。新中国成立后，任中共中央政治局常委、全国人民代表大会常务委员会副委员长、中华人民共和国代理主席。1975 年 4 月 2 日在北京病逝。

　　新中国成立以后，董必武同志和孩子们在一起的时间多了，为了给孩子们以良好的影响，他事事以身作则。他认为，家长的模范行动，是对孩子的无声的命令。

　　平时，董必武生活上非常艰苦朴素，他常给孩子们讲"民生在勤，勤则不匮；性习于俭，俭以养廉"的道理，要他们尊重劳动人民，珍惜劳动成果。吃饭的时候，他看见孩子们把饭粒洒落在桌上，就叫他们捡起来吃掉。到了晚年，他 80 多岁了，不小心掉了饭粒，还在用颤巍巍的手去捡起来。这情景给孩子们留下了终生难忘的印象。

　　董必武学习时，非常爱惜书本、文具，他嘱咐孩子们也要这样做。他常说："一本书，一支笔，都是经过了好多工序制成的。几十、几百的工人、农民为它付出了辛勤的劳动。不爱惜东西，就是不尊重工人、农民的劳动，也就是不尊重工人和农民。"

　　一天傍晚，董必武同志的女儿楚青正陪爸爸散步，忽然董必武发现桃树干上凝聚着一块块树胶，就把它刮下来包好，很有兴致地说要留着粘毛笔的笔头用。女儿奇怪地问："粘毛笔头？买一支毛笔才用多少钱，爸爸何必费那么多事自己粘？"董必武笑着对女儿说："你呀，就是不知道勤俭。当然，一支毛笔不值多少钱，可是我少买一支，别人不是可以多用一支吗？劳动人民创造的社会财富，大家都要爱惜呀！"

董必武非常关心孩子们的学习，鼓励孩子们学习要有信心，遇到困难不要急躁，并且经常以自己克服困难的实际行动来影响孩子。一次寒假，上中学的女儿楚青跟爸爸去外地，寒假作业中有一道几何题不会做，她就把这道题抄给了爸爸，准备等爸爸做出来，她抄一下就行了。董必武由于正在开会，抽不出时间，而且他觉得孩子必须自己刻苦钻研，找出答案。所以，他只是告诉女儿一些解题的思路，要她自己开动脑筋去想。谁知，楚青特别贪玩，直到寒假结束时，也没有好好去想。临回北京的前一天，已经是深夜了，董必武还念念不忘这道题，利用难得的闲暇，在纸上画着一个又一个的几何图形，认真地进行演算。女儿见了，心里一阵阵内疚和不安，心想，爸爸认真对待这样一道几何题，是在教育自己应该怎样对待学习啊！想到这里，楚青异常激动，她决心不依赖爸爸，自己独立完成作业。回到北京，她自己动脑筋，终于把这道难题解开了。

在工作之余，董必武有时和孩子们一起谈生活、谈人生、谈理想。他谦虚谨慎，严于律己，虚怀若谷，胸襟开阔：

"我常说，我是一块破布。……党要我做抹布，我就做抹布。……你看它不起？你现在不是正用它抹桌子吗？抹布也是需要哟！

"演戏时，元帅呀、大官呀上场，有四个拿小旗的人在后台就开始'噢'——一直到上场。这就是跑龙套的。除了壮壮声威，起不了什么大作用。我一辈子就是做这个的。不要小看跑龙套的，跑龙套也要认真，也要努力咧！不然，也会搞得一边一个，一边仨哟！"

有一个夏天的夜晚，空气闷热，董必武和孩子们在院子里乘凉，他兴致勃勃地谈起植树造林的事来。孩子们听爸爸对这件事那么关心和熟悉，便好奇地问："爸爸，是不是中央要让你负责林业工作了？"董必武笑着说："没有，我快 80 岁了，身体又不很好，中央现在没有要我做具体工作，是照顾我。但我是个共产党员，应当做些力所能及的事情。林业对子孙后代大有益处，我应当在有生之年，为党、为人民做些有益的事情。"

接着，他又说：

"唱戏有一大套锣鼓，可热闹了！其中有敲大鼓的，有敲小鼓的，有板有眼，多好听！中央的工作就像一支大乐队，有司鼓，有司锣，有司钹，有司弦。我呢，就是那个敲边鼓的。"

董必武同志这些饱含哲理的自喻，深深地印在儿女们的心中。他们觉得，滴水见光辉，从爸爸这些谈话中，可以看出共产党人高尚心灵放射出来的光芒。

他在教育孩子们廉洁奉公、遵守纪律方面，是一丝不苟的，从不放过任何一件小事。1954 年，他奉派出国访问。出发前，15 岁的大儿子向一位随行人员说他想要一架照相机，那位同志真给买了一架带回北京。这件事自始至终没有向董必武同志报告。当他看到儿子摆弄照相机时，追问是哪里来的，才了解到这件事。他狠狠批评了孩子，并让秘书立即带着照相机和相当它在市场上售价的一笔款，到外交部去做检讨，请外交部决定是收下照相机，还是收下这笔款。外交部的王炳南同志斟酌再三，最后决定收下照相机。

1969 年，大批知识青年上山下乡。董必武同志说，干部子弟不能特殊，良翮还是下乡插队去。董良翮到河北晋县插队之前，父亲送给儿子一条在战争年代用过多年的旧毛巾，叮嘱他说："你是革命的后代，要严格要求自己，生活上要艰苦朴素，和群众同甘共苦，决不能高人一等。你只知道吃粮食，不知粮食是怎么种出来的。下去后要拜老百姓为师，从头学起。你不能当特殊农民，要做一个普通农民。你要听老农的话，听队长的话。"

良翮没有辜负父亲的期望，在农村虚心求教，刻苦锻炼，进步很快。下乡半年后，群众反映很好，当地党组织准备吸收他入党。董必武同志听说后，对老伴说："你赶紧写封信去，说不能因为良翮是董必武的儿子，就这样快地吸收他入党。他还要磨炼一个时期，真正懂得入党是为了更好地为人民服务，才能发展他。我看他现在还不一定懂得这个道理，让他再磨炼一个时期好。"

1970年，董良翮光荣地加入了中国共产党。1972年担任贺家寨大队党支部书记。董必武对他要求更严格了，他写信告诫儿子要注意两点：一是不要"一得自矜"；二是不要"浅尝辄止"。

良翮手捧家书，不禁想起小时候爸爸写信对他的教导。

那还是上小学的时候，有一次父亲写信告诉他："你要改正过去贪玩、不好学的毛病，还要逐渐把自满自夸，说泄气话的缺点改掉，争取成为学校中的'三好'学生。"他在学校里取得了好成绩，父亲又及时提醒他："皎皎者易污，峣峣者易折。"

1975年，董必武同志病重住院，良翮回到北京照顾他。他要儿子快点回晋县，并对儿子说："你是基层干部，农村工作忙，不能长期耽搁。我这里有组织照顾，你回农村安心工作去吧。现在，你不是北京人，是晋县人啊！"

同年，3月5日，正值董必武同志诞辰89寿辰。他躺在病床上，语重心长地对身边的孩子们说："自从1921年建党以来，我跟着党走过54个冬春，没有积攒半点资产，没有一丝一毫的祖业，也没有什么遗产留给你们。我最后的工资应当全部交纳党费。"

停了一会儿，他又接着说：

"有一点你们是应该珍惜的。中国革命在中国共产党的领导下，走过半个世纪的艰辛历程，赢得了今天的伟大胜利。在这个胜利之中，包含着无数革命烈士的鲜血，也有正确与错误的经验教训。中国革命的伟大实践，丰富了马列主义的宝库，形成了适合中国革命的科学思想体系，这就是毛泽东思想，这个科学思想体系，是千百万革命人民的创造，你们要珍惜它。要珍惜过去，要面向未来！"

4月2日，董必武同志不幸病逝。孩子们立下誓言：一定要永记父亲的教导，为革命努力工作，为祖国的建设事业多做贡献。

学好本领为人民

任弼时（公元 1904 年～公元 1950 年）是中国无产阶级革命家。湖南湘阴人。1920 年加入中国社会主义青年团，1922 年加入中国共产党。最初，在共青团中央工作，1928 年到中央工作。1943 年任中央书记处书记，党的"七大"以后被选为中央政治局委员。1950 年 10 月 27 日在北京病逝。

任弼时同志一生严于律己，他经常告诫身边工作的同志说："凡事不能超过制度，我们一丝一毫不能特殊！"

任弼时自己是这样做的，对子女也是这样严格要求的。他认为，如果允许孩子特殊化，必然会使他们产生"娇""骄"二气，最终会把孩子坑害。在延安时，他把年幼的长女远志和次女远征送回农村老家，直到抗日战争后期，才把她们接回。女儿们刚到延安时，穿的衣服比较破旧，有的同志想给他们做几件新衣服。任弼时知道了，告诉夫人陈琮英同志："不要做新的了，把我们的旧衣服改一改就可以了，要改得长一点，大一点，这样可以多穿几年。"

后来，孩子们上学了，每次从学校回来，任弼时都要他们到"大灶"上去吃饭。解放战争初期，解放区的学校跟着转移，他的女儿远志和远征年纪比较小，背不动背包，有同志提议把孩子接回来，跟随他夫人陈琮英一起去。他坚决不同意，说："还是让孩子们锻炼一下吧，不要把她们养成娇子。"

1947 年，解放区在进行土地改革。任弼时的小儿子远远当时只有 6

岁。他们住的村子里，也正在开展土地改革运动。一天，儿子远远兴冲冲地捏着一只会发出"吱吱"叫声的小皮老鼠回家来。小皮老鼠，灰溜溜的，瞪着一双小眼睛，拖着一条长长尾巴，可招人喜爱了。这是远远第一次有了一个心爱的玩具。任弼时看到儿子手中的玩具，问到："哪里来的？""农会主席送我的，是分地主家的。"远远高兴地说。"村里贫农伯伯家的孩子都分到这样的玩具了吗？""就这一只，分给我了。"爸爸一听，便不高兴起来。他望着天真活泼的儿子，既严肃又耐心地对他说："咱们八路军《三大纪律八项注意》中有一条是：不拿群众一针一线。你还记得吗？地主的土地、财物是分给贫苦农民的。农会主席送给你，你就应该要吗？你怎么可以要农民的斗争成果呢？这不是搞特殊吗？"

远远明白了爸爸的话，虽然他很喜欢小皮老鼠，还是愉快地表示要送回去。爸爸嘱咐他说："远儿，你要向农会主席检讨、道歉啊！"

任弼时尽管工作特别忙，还是非常关心孩子们的学习。他不是硬催，也不是强逼，而是循循善诱，启发孩子对学习的兴趣。

有一次，任弼时见儿子不好好写字，就给他讲了一个故事：

"有个年轻人，在书房里专心致志地写字，一个鬼偷偷地跑进院子，想吃掉这个人。于是，把长长的红舌头从窗外伸进屋里来。年轻人见了，一点儿也不害怕，提起笔在鬼舌头上用力写了一个'山'字，只见立刻有一座大山压在鬼的舌头上。这一来，舌头再也缩不回去了。鬼吓慌了，赶快不住地求饶，发誓说以后再也不敢吃人了。年轻人把鬼狠狠地教训了一顿，在'山'字下面又写了个'山'字，这样就变成了个'出'字，鬼这才缩回了自己的舌头。"

儿子远远听了，心想，写好字还可以赶鬼。我以后要好好练字，要是再碰到鬼，我就有办法对付了。于是，就连忙跑进屋里练字。任弼时笑着对小儿子说："世上从来没有鬼。我讲这个故事，是为了引起你对学习的重视。你练好字，就多了一种本领，将来做什么工作都有用处。"

后来，远远上学了，买不到字帖，任弼时便亲笔给儿子写了一张大字帖："小孩子要用心读书，现在不学，将来没用。"从此，远远每天认真地临摹这16个字。

每当孩子们从学校回来的时候，任弼时总是亲切地把他们叫到身边，详细地询问他们的学习情况，并告诉他们："学习是艰苦的事，来不得半点儿懒惰。要靠自己的勤奋努力，认真钻研才能学好。"还常说："吃了人民的小米，不能辜负人民对你们的希望，现在学好本领，将来一定要为人民做事。"

大女儿远志在晋绥解放区贺龙中学上学，不常回家，任弼时就给女儿写信，信中说："以前对你说过，学习要靠自己努力，要善于掌握时间去学习。你们这辈人学成以后，主要是用在建设事业上，即经济和文化建设事业，需要有大批干部去工作。要搞好建设事业，就得有科学文化知识。要当好一个工程师或医生，必须先学好数学、物理、化学，此外还要学通本国语言，并要会一种外国语言，有了文字的基础，又便于你去学科学。"

任弼时还教育孩子们随时随地都要注意勤俭节约。一次，陈琮英叫孩子们把不能穿的破旧衣服拿出来，准备打袼褙做鞋子。女儿远征把学校发的一身小了一些的灰粗布衣服也拿了出来。任弼时一看，衣服还可以穿，就从女儿手中接过来，把衣服叠好，耐心、和蔼地对孩子说："这么好的衣服，怎么就不要了？我看至少还能穿一年。俗话说：新三年，旧三年，缝缝补补又三年。节约是劳动人民的本色，可不能忘本啊！"

听了爸爸的话，女儿又把衣服收了回去。事情虽小，对女儿的教育却很深刻，时隔多年，远征还忘不了这件事。

任弼时同志最讨厌夸夸其谈、不实事求是的作风。他认为，如果不从小就培养孩子具有踏踏实实的求实作风，那将会贻误终生。有一次，儿子远远从司机那里听到一点点关于汽车性能的常识，就跑到爸爸面前得意洋洋地讲了一通。任弼时同志会开汽车，对汽车的性能很熟悉，一听，就知道儿子是在吹牛，他叫儿子坐下，严厉地对他说："学什么都要老老实实，才能学好。可不能不懂装懂，耍小聪明，当'假里手'啊！学知识只是一知半解，或是只接触一些皮毛，便自以为了不起，是最害人的！"

爸爸这次批评，给儿子留下了深刻的印象。他常常告诫自己：要时时刻刻记住爸爸的教导，不要不自量，不要吹牛皮！

任弼时休息的时候，常和孩子们一块玩耍，和孩子们讨论各种各样的问题。有时候，他还编故事逗孩子们玩。在他看来，父母既是孩子的长辈、老师，又是孩子最亲密的朋友、伙伴。

有时候，他还领着全家唱他最喜欢的歌：

"你是灯塔，照耀着黎明前的海洋。

你是舵手，掌握着航行的方向。

年轻的中国共产党，

你就是核心，你就是力量！

……"

大家越唱越高兴，感到充满着希望和力量。

1950年10月25日，任弼时同志由于工作过度劳累，患了脑溢血。周总理亲自组织医务人员全力抢救。但是，病情太严重了，27日便与世长辞了。孩子们对爸爸的突然离去，怎么也不能相信。他们耳边仿佛回响着爸爸的声音："不能辜负人民对你们的希望，学好本领，为人民做事！"

小孩不说假话

彭德怀同志是伟大的无产阶级革命家、军事家，党、国家和军队的杰出领导人。他一生耿直刚正，廉洁奉公，严于律己，深受广大党员和群众的爱戴。1974 年 11 月 29 日在北京病逝。

彭德怀同志的亲兄弟彭金华、彭荣华同志，都是被国民党反动派杀害的革命烈士。大弟媳周淑申和二弟媳龙国英同志也都是很早参加了党的组织，从事革命工作。新中国成立不久，党把他们的子女从湖南湘潭彭家围子老家接到北京上学。当时，彭德怀在西北工作。

彭德怀自己没有子女，他早就想见到这些孩子们。1950 年春天，他从西安到北京开会，抽了个星期天，把孩子们接到自己的住处。

孩子们听说要见伯伯了，甭提有多高兴。他们想，敌人都怕伯伯，那伯伯一定是一个很威严很厉害的人。

刚一见伯伯，孩子们既激动又拘束，不知道说些什么才好。彭德怀招呼孩子们围着自己坐下，分糖果给他们吃，逗他们说话。他拉着一个侄女的手说："你叫玉兰，是不是？小名叫玉妹子！"他又摸着一个侄儿的头说："你叫彭康白，还叫白伢子，对不对？"孩子被伯伯亲热的话给逗乐了，一下子活跃起来。原来伯伯是一个十分平易近人、和蔼可亲的人。

到了晚上，彭德怀在房间里搭了个大地铺，并说要和孩子们一起睡在地铺上。孩子们执意要伯伯睡在床上，他说啥也不肯，还笑着对孩子们说："这可比打仗的时候睡在野地里舒服多了。过去我们从来没有见过面，今天第一次见面，是个大团聚的日子，也是个幸福快乐的日子，我们大家一律平等，谁也不能高高在上。"

说完，彭德怀爽朗地笑了起来。孩子们有说有笑地一个个躺下钻进被窝。彭德怀慈爱地拍拍这个肩膀，摸摸那个脑袋，把他们送进了甜蜜的梦乡。从此，孩子们享受到了从小失去的父爱！

1953年，彭德怀调到北京工作，便亲自负起抚养教育侄儿侄女的责任。在伯伯身边，孩子们生活得很幸福，学习、思想都很好。这年，弟媳妇们从湖南来到北京，看孩子们一个个长得生龙活虎、英姿焕发，很高兴，不禁十分感激彭德怀同志。弟媳妇们说："大哥，这些孩子中，你看哪个好，就挑一个归你。一个嫌少，就挑两个。"

彭德怀听了，笑了起来，说："这可不敢当啊！从大处说，你们的孩子都是我的孩子，其他烈士的孩子也是我的孩子，全中国人民的孩子都是我的孩子。他们的父亲为了革命牺牲了生命，我们活着的人有义务替他们创造更好的条件。你们不要把孩子当作私有财产，更不能把孩子当礼物送人哟！"

彭德怀从内心喜欢这些孩子，像爱自己的孩子一样疼爱他们。同时，对他们又非常严格，注重教育他们，哪怕是芝麻大点儿的事，也从不放过。一次，他带回两件雨衣，先让在他身边生活的左权同志的女儿左太北挑一件，把剩下的一件给侄女彭钢。侄女不高兴了，说："把人家挑剩下的给我，我不要！"

彭德怀觉得侄女这是一种自私自利的思想作怪，于是批评她说："你怎么这么不懂事？她父亲去世早，妈妈又在外地，我们应该很好地照顾她。把方便让给别人，把困难留给自己，这些话不能只是说说，要拿出实际行动来。如果人人都挑肥拣瘦，只顾自己，那我们还咋搞革命建设呢？你说对不对。"

伯伯一席话，说得侄女口服心服。

平日，彭德怀总是教育孩子要艰苦朴素，养成俭朴的生活习惯。1955年，部队实行了薪金制。他的大侄子彭启超当时正在一所军事学院学习，放暑假时回到伯伯身边。彭德怀专门抽出时间对侄子进行艰苦朴素的传统教育。他语重心长地对侄子说："实行了薪金制，收入增多了，可不能大手大脚地花钱呀。要'常将有日思无日，莫到无时思有时'。平时，一定要养成勤俭节约的习惯，保持艰苦奋斗的优良作风。"

伯伯担心侄子攒不下钱，特意给他做了规定："你妹妹正在上学，今后你要负担她的生活费和学费，每月给她20元，要按月寄给她。"

事后，彭德怀又把侄女找来，嘱咐说："你哥哥一个人用不了那么多钱，我让他每月给你寄些钱来，你收到后，不要用他的，按月给他存入银行，以后他需要时，你再退给他。"他反复向侄女解释说："不是我供养不起你，你的生活费还是由我给，而是让你哥哥养成俭朴的生活习惯。要艰苦朴素，不要忘本。你也要这样做，我们大家都要这样做。"

侄女听了，很受教育，也特别激动。伯伯为了他们的成长费了多少心血啊！

1959年7月，彭德怀在庐山会议上因谈了对国内形势的一些看法，受到了错误的批判，并且被罢了官。不久，他搬出了中南海，住到京郊吴家花园去了。在那里，彭德怀开荒种菜、挖塘养鱼、种藕，把一个残墙断壁、草木凋零的荒园，改变成一个生机盎然的菜园。

当时，我国的经济十分困难。一天，伯伯带着侄女梅魁走到院子的墙根前，指着墙外的一棵树问她："梅魁，你看这树为什么没有叶子？"梅魁一看，知道是因为自然灾害，老乡生活困苦，把树叶打下来当粮食吃了。可是，又不知道该怎样回答才好，只是望着伯伯，没有开口。走了几步，伯伯又问："你们厂里有没有人得浮肿病？"梅魁没有对伯伯说实话，摇摇头，支支吾吾地说："没，没有。"

彭德怀看看她，又带她到自己种的茄子地里，指着茄花对她说："茄子不开虚花，小孩不讲假话！共产党人就是要做老实人，讲老实话，办老实事。现在，我们国家处在困难时期，我们怎么能闭着眼睛不看事实呢！"

接着，他又用手指着自己的额头说："我这个老头子，就像小孩一样不说假话。我要实事求是，坚持真理。梅魁呀，我希望你长大了，不要去追求名利，搞那些吹牛拍马、投机取巧的事。要做老实人，心里装着人民，时刻想到人民的疾苦啊！"

梅魁聆听着伯伯这感人肺腑的话语，心潮起伏，久久不能平静。

彭德怀同志心里总是想着革命，想着工作。1973年，75岁高龄的彭德怀，因得了直肠癌，动了手术。手术后，病情好转了。一天，他高兴地对侄女梅魁说："梅魁，你说，有一天我再出来工作，干点儿什么好？"

"你都这么大年纪了，什么也别干了，跟我们住在一起。闲不住，你就领着孙子们去逛公园。"侄女回答说。

"要你们养老可不行，我还要工作几年。我想过，回咱们家乡去，回太行山也行，去种地。"

彭德怀一生胸怀坦荡，对党忠心耿耿。他自己这样，也要求孩子们这样。就是在病中，他还不忘教导侄儿侄女要热爱党、忠于党，要努力工作和学习，好好为人民服务。

他多次对孩子们说：

"我们这个党好啊！世界上再也找不到我们这样好的党了。过去，我们党一声喊，要多少人，来多少人。我们干成的事，都是别人听了就害怕，谁也不敢干的。

"我这一生有许多缺点，爱骂人，骂错了不少人，得罪了不少人。但是，我对同志、对革命、对党没有两手，我从没有搞过那种阴谋。这方面，我可以挺起胸膛，大喊一百声，我问心无愧！

"想到工作，我觉得再活70年才好哩！你们年轻，要努力工作，要学一门本事，为人民添砖加瓦，不要去追名求利，搞那些吹牛拍马、投机取巧的事。

"我能做的都做了，只是做得不好。我不欠别人什么，别人对我的误解也不计较了。我仔细地想过了，我的一生是值得的，对革命、对人民尽到了我的责任。"

1974年10月以后，彭德怀同志病情恶化。即使在自己生命垂危的时候，他还不忘尽自己教育侄儿侄女的责任。11月29日，彭德怀与世长辞了。临终前，他一字一顿地对身边的侄女梅魁说：

"我死以后，把我的骨灰送到家乡。不要和人家说，不要打扰别人。

你们把骨灰埋了，上头种上一棵苹果树，让我最后报答家乡的土地，报答家乡的父老乡亲……"

孩子们没有忘记伯伯的教导，立志像伯伯那样。为革命赤胆忠心，对党对人民忠贞不渝。

做一个真正的强者

贺龙（公元 1896 年～公元 1969 年）是中国无产阶级革命家、军事家，中国人民解放军的创始人之一。字云卿，湖南桑植人。1926 年参加北伐战争，1927 年参加领导"八一"南昌起义，任起义总指挥。曾任中共中央政治局委员、中央军委副主席、国务院副总理兼国家体委主任等职。对中国人民解放军的革命化、现代化建设做出了重大贡献。1969 年 6 月 9 日逝世。

贺龙同志的家，是一个幸福、快乐、美满和热闹的大家庭。在他的家里，除了他的亲生儿女外，还收养了许多老战友和烈士的子女。常有这种情况，熟识的老同志不幸去世了，贺龙见到他们的孩子，就毫不犹豫地说一句："这个算我的！"然后，就把孩子接到家里去。

贺龙对每个孩子都很疼爱，他表达爱的方式是：严格。

贺龙同志多年的戎马生涯，使他有一种在征途上不为一切艰难困苦、曲折失败所吓倒的英雄气概，有一股在任何情况下也不屈服的刚强精神。因此，他要求孩子们也具备这种坚强不屈、勇往直前的性格，做一个经得起摔打的人。

在孩子们还很小的时候，贺龙就要求他们学游泳，而且刚开始不久，就要他们往深水里跳。他鼓励孩子们说："学游泳要有勇敢精神，不要怕困难，喝几口水就学会了。"每逢孩子们游泳的时候，他便搬个凳子，坐在那里监督着，像指挥战士冲锋一样，威风凛凛，严肃认真。他几乎是下达着命令："跳，一二，跳！"孩子们一个个生龙活虎，活泼矫健，扑通扑通地跳了下去。有时候，他干脆在孩子们做好预备姿势的时候，猛地把他们往水里推。

儿子贺晓明学跳水，胸脯被水拍得红肿，感到火辣辣的疼痛，一连几天都消不下去。但是，爸爸还硬是让他坚持下去。有时，贺晓明被水灌得恶心、呕吐，也不让他休息，所以他很快就学会了跳水。即使从很高的地方往下跳，他也一点不怕，变得勇敢坚强了，贺龙为此很高兴。

有一天贺龙见到最小的女儿贺黎明头发湿漉漉的，就估摸着女儿学游泳去了。他笑着问黎明："游泳去了？""是呀！爸爸，你猜得真对！"女儿愉快地回答。"学会了没有？""还不行！""喝水了没有？""没有。"爸爸听到这里，亲切地对女儿说："这可不行啊。想学游泳，又怕喝水怎么行！你要记住，不论做什么事情，一定要下决心，坚持不懈，不怕困难，要舍得付出代价。学游泳嘛，喝几口水就是代价。胆小怕事，前怕狼后怕虎，是永远不会有出息的！"

黎明照爸爸的话去做了，很快便学会了游泳。

女儿黎明 16 岁那年，报名参加了少年宫摩托车训练班。爸爸知道了，非常支持她，夸女儿有股子闯劲。他热情地鼓励女儿："人们都说摩托运动是勇敢者的运动。你去锻炼锻炼，做个勇敢者，不是比关在家里好得多么？不见世面没出息，不经风雨不成才。"

平日里，贺龙同志很注意培养孩子们高尚的革命品质。有一次，吃饭的时候，他特意让孩子们尝尝他爱吃的苦瓜。女儿黎明吃了一口，马上吐了出来，伸着舌头直喊："好苦，好苦哇！"贺龙对孩子们说："这么好吃的东西还不吃！你们年轻人就是吃不得苦。不苦不知革命啊！"

孩子们听了知道爸爸是要培养他们的吃苦精神。从那以后，他们都吃起苦瓜来。也逐渐体会到，吃苦精神是一点一滴培养起来的。

贺龙同志对孩子们的学习也十分关心，特别是孩子们在学习中遇到困难或受到挫折的时候，他总是及时而耐心地帮助孩子们。

有一天，贺龙发现孩子们趴在桌子上吃力地写字，他摇了摇头，又轻轻地摸了摸孩子们的脑袋，一句话也没说。第二天，孩子们放学回到家里，一看，桌子变高了。原来贺龙在每个桌子腿下面垫了两块砖。于是，他们有说有笑，高高兴兴地坐在凳子上，写字的姿势马上变成标准的挺胸端坐了。

又有一次，女儿黎明的一门功课考得不太好。贺龙看了女儿的成绩单，并没有责怪她。他觉得，孩子没考好，原因是多方面的，必须问明情况，对症下药，克服不足，才能迎头赶上。他坐下来，认真地帮女儿找到没有考好的原因。他还用自己过去打仗的经验教训，启发女儿说："以前我们打仗，有时候打胜仗，也有时候打败仗，败了就要问个为什么。因为战争有战争的规律，掌握了它才能打好仗。你这次没考好，也要问个为什么。我平时见你天不亮就起来背书，这是好的。但还不够，重要的是理解，要在学习方法上找原因。"

接着，贺龙又鼓励女儿："这次没考好，下次再努力，不要没有信心，不要泄气。俗话说：胜不骄，败不馁，失败是成功之母。你总结了

经验教训，保管能取得好成绩。"

有时，贺龙同志还用体育比赛中输赢的经验教训来教育孩子，激励他们不怕困难，不怕失败，努力学习，刻苦锻炼，做一个真正的强者。

一天，女儿黎明刚放学回家，就听到爸爸正在兴致勃勃地同妈妈薛明讲体育比赛的事。贺龙看见女儿，忙叫她坐下，他微笑着说："那个输了的小家伙真有意思，见了我还难为情，也许是觉得在我面前输得太丢人了吧？其实，这有什么了不起。莫说他们，就是我们国家的运动员出国比赛，不也是有赢有输吗？输了又怎么样？无非是少拿一块奖牌。要看他们平时下了多大的功夫，有多辛苦！今天输了，多下些功夫，多多苦练，明天再加油拼搏就可以赢了！"

说到这里，贺龙亲切地问女儿黎明："幺女，你学习不也是这样吗？考得不好的时候，找出原因，经过刻苦努力，勤奋学习，下次就会取得好成绩。"贺龙从座位上站起来，挥动着手中的烟斗说："我们看重的不是输赢，而是经不经得起输赢！"

多少年过去了，爸爸的教导，一直铭刻在孩子们的心里：做勇敢的人，做真正的强者。

试玉要烧三日满

陈毅是我国杰出的无产阶级革命家、军事家，中国人民解放军杰出的领导者与组织者之一。字仲弘，四川乐至人。他一生襟怀坦白，光明磊落。1972 年 1 月 6 日在北京病逝。

他一生不仅严格要求自己，而且也用高标准去严格要求孩子、教育孩子。

新中国成立初期，陈毅在上海当市长时，总是让管理员给他家买小米，不买大米。他说："吃大米有什么好处？让孩子们经常吃小米，可以叫他们记住过去。我们就是小米加步枪走过来的。"

陈毅要孩子穿衣服不赶时髦，能省就省。他要求孩子从小时候起就不准搞特殊。孩子们上学，都是就近入学，从不进什么干部子弟学校。他给孩子们规定：放学回家就温习功课，不准乱跑；严禁坐车上学或出去游玩、买东西。有时候，孩子们好不容易跟父母到剧场看节目，他也从不叫他们坐在自己的身边，而是叫他们悄悄地坐在剧场的后排。

陈毅同志是一位革命家，也是一位诗人。他不但自己爱诗，也很注意用诗对孩子们进行教育。他觉得，诗像一位良师，哺育了他磊落豁达的胸怀和热烈磅礴的感情；又像一个忠诚的战友，在战斗生活中始终陪伴他。所以，每逢工作余暇，他就和家人读诗、论诗、写诗，以熏陶孩子们的心灵。

一个秋天的星期日，陈毅带着全家人去公园划船。一家人看到岸边柳树上的黄叶被飒飒秋风吹落湖面，随波漂浮，就情不自禁地唱起了岳飞的《满江红》："怒发冲冠，凭栏处，潇潇雨歇……"歌声在湖面回荡，气势令人激奋。唱完后，陈毅兴奋地问孩子们："你们懂得这首词的意思吗？""我在语文课上学过。"儿子丹淮回答道。"要好好理解这首词。"接着，他就给孩子们讲述了岳飞不平凡的一生，颂扬岳飞精忠报国、壮志杀敌的英勇事迹，痛斥秦桧通敌行奸、陷害忠良的罪恶行径。他告诉孩子们，什么是忠，什么是奸；什么是善，什么是恶；什么是美，什么是丑。

上岸后，陈毅仍然余兴未尽，他激动地对孩子们说："中国古典诗词有很多很多的学问，你们要好好学习，要像岳飞写的那样：'莫等闲，白了少年头，空悲切！'"这首词不仅使孩子们感受到岳飞爱国忧国的高尚情操，也激励起他们努力奋进的革命精神。

孩子们一天天长大了。他们一个接一个地离开父母，各自奔赴新的学习和工作岗位。每逢这时，陈毅同志就要赠诗送行，表达自己对孩子们的殷切期望。

1961年7月，儿子丹淮中学毕业赴东北上学去了。入学时间不久，就想家了。陈毅同志知道，孩子们刚刚离开家，开始思想总是安定不下来的，做父母的应该常写信勉励他们，使他们在新的环境中生活愉快，积极向上。他很快给丹淮寄去一首诗《示丹淮，并告吴苏、小鲁、小珊》：

（一）

小丹赴东北，升学入军工。写诗送汝行，永远记心中。汝是党之子，革命是吾风。汝是无产者，勤俭是吾宗。汝要学马列，政治多用功。汝要学技术，专业应精通。勿学纨袴儿，变成白痴聋。少年当切戒，阿飞客里空。身体重健壮，品德重谦恭。工作与学习，善始而善终。人民培养汝，报答立事功。祖国如有难，汝应作前锋。试看大风雪，独立有青松。又看耐严寒，篱边长忍冬。千锤百炼后，方见思想红。

（二）

深夜拂纸笔，灯下细沉吟。再写几行诗，略表父子情。儿去靠学校，照顾胜家庭。儿去靠组织，培养汝成人。样样均放心，为何再叮咛？只为儿年幼，事理尚不明。应知天地宽，何处无风云？应知山水远，到处有不平。应知学问难，在乎点滴勤。尤其难上难，锻炼品德纯。人民培养汝，一切为人民。革命重坚定，永作座右铭。

同年，陈毅同志正值60岁寿辰，感慨之下，他又写了一首诗《示女儿》：

宇宙无穷大，万国共一球。展望天外天，想作逍遥游。后羿夸射日，羲和逐光流。人类百万年，实为地之囚。生命世代续，知识无尽头。科学重实践，理论启新猷。应知重实际，平地起高楼。应知重理想，更为世界谋。我要为众人，营私以为羞。人人能如此，世界即自由。所恨剥削辈，坐食汗不流。所恨压迫者，役人如马牛。更恨说教者，实与强暴俦。铲除旧制度，革命志勿休。嗟余一老兵，六十去不留。接班望汝等，及早作划筹。天地最有情，少年莫浪投。

孩子们把爸爸这些充满期望的诗句，看了一遍又一遍，受到极大的鞭策和激励，决心把爸爸的赠诗作为座右铭，在革命的道路上永远前进。

陈毅同志在几十年的斗争中，对毛主席非常崇敬，他也特别喜欢毛主席的诗词。他经常指导孩子们学习毛主席诗词和著作；给他们谈学习体会，教他们朗读。他把毛主席的《沁园春·雪》这首词，看做是中国无产阶级雄伟气魄的光辉写照，是中国诗歌史上一座气势磅礴的高峰，要求孩子们认真学习，不要辜负毛主席的期望。

陈毅同志还用自己的亲身经历，告诉孩子们他在政治上的成长，是与党中央和毛主席的亲切教导分不开的。他要求孩子们一定要走党指引的革命道路。1963年，儿子昊苏在学校入了党，他从8月19日到8月23日，专门抽空同儿子作了四次长时间的谈话，谈个人的成长过程，谈学习马列主义提高觉悟的重要性。他说：

"在20年代，有些参加革命队伍的人，虽然很聪明，也很有才华，但是由于没有真觉悟，没有真正弄懂马克思主义，所以到 1927 年蒋介石叛变时，经不起考验，离开了革命队伍。

"我觉悟比较迟，但觉悟迟没关系，有反复也不怕，只要真正觉悟了就好办……也不要怕犯错误，就怕犯了错误不改。我是一经觉悟就坚决干，一有错误就坚决改。"

他还告诉儿子说：

"能得到组织批准入党，不是一件容易的事情。入党后，下定决心，坚决干到底，更是不容易的事情，特别是在革命的转折关头。"

儿子听着爸爸这语重心长的教导，特别激动，他觉得，这是爸爸在

他入党时赠给他的最珍贵的礼物！

陈毅同志刚直不阿，磊落坦荡，对同志极端热忱，对阴谋家、野心家极为痛恨。他时刻不忘以这种品质教育、影响自己的孩子。

1971 年 9 月，大野心家林彪摔死在蒙古的温都尔汗。陈毅和夫人张茜在讨论我党的深刻教训的时候，翻出了唐代大诗人白居易的一组诗：《放言五首》。他们以诗明志，给孩子们每人抄录一份，对他们进行诱导和启示，希望他们能够明辨是非，站稳立场。其中一首诗是：

> 赠君一法决狐疑，不用钻龟与祝蓍。
> 试玉要烧三日满，辨才须待七年期。
> 周公恐惧流言日，王莽谦恭未篡时。
> 向使当初身便死，一生真伪谁复知。

孩子们激动地读着这富于哲理、精辟犀利的诗句，好像爸爸妈妈就在他们面前，告诫他们，一个真正的人，无论在任何艰难困苦中，在任何贫贱灾祸中，都要保持高尚的节操，坚持正确的斗争方向。

后乐先忧宜立志

谢觉哉（公元 1884 年～公元 1971 年）是湖南宁乡人。1925 年加入中国共产党，从事党的宣传教育工作。1934 年参加二万五千里长征。历任中央工农民主政府秘书长、内务部部长、司法部部长、中央党校副校长、陕甘宁边区政府秘书长、陕甘宁边区参议会副参议长、华北人民政府司法部部长等职。新中国成立后，历任内务部部长、最高人民法院院长、中国人民政治协商会议副主席。中国共产党第八次全国代表大会上当选为候补中央委员，在社会主义法制建设方面做出了重大贡献。

谢觉哉同志是一位革命的老战士，他德高望重，人们都亲切地称呼他为"谢老"。

新中国成立后，生活条件好了，他坚持用艰苦朴素的优良作风教育自己的孩子。

1962 年春节，谢觉哉一个在外地念大学的孩子回到北京家里，埋怨房子不好，闹着要搬房子。另一个上中学的孩子，也因上街买不到皮鞋而口出怨言。这两件事引起了谢觉哉的注意。

一天晚上，谢觉哉把几个孩子叫到跟前，出了一个"看过去，看别人"的题目，叫大家认真讨论。就在那次家庭会上，他非常恳切地告诫孩子们说：

"不论住的、吃的、穿的，好坏都是比较出来的。我们要看过去，看别人。年龄大的孩子，住过延安的窑洞；年龄小的，住过刚进城时的小房子，哪里比得上现在的房子。论吃论穿，也要看过去。我到北京才穿绸内衣，还是人家送的。我记得1937年，党派我去兰州国民党统治区搞统战工作，公家给我买了一双皮鞋。到北京，为接待外宾，才买第二双。那时候，我已快53岁了。你们小小年纪就穿皮鞋，而且不止穿一双。现在我们国家有困难，不要随便发牢骚，要多想想怎样去改变这种状况。"

在谢觉哉的严格要求和耐心教育下，孩子们逐步都养成了艰苦朴素的作风。

长期的革命斗争生活，使谢觉哉同志深深懂得：革命的集体主义是革命事业取得胜利的保证。他常常教育孩子，要热爱集体，关心集体，不要把个人利益放在第一位。

有一年国庆节的夜晚，首都沉浸在欢乐、幸福的节日气氛中，谢觉哉的一个孙子央求说："爷爷，我想跟您到天安门城楼上看焰火去，您带我去吧！""你不是准备参加你们班为天安门广场焰火晚会准备的节目吗？"谢觉哉问。"我不想去了，我要跟您上天安门城楼嘛！"孙子撒娇地说。

谢觉哉觉得孙子的思想不对头。他看离晚会开始还有一段时间，就给孩子讲了一个孤雁哀鸣的故事。他说，在第二次国内革命战争期间，他在一次战斗中，因部队打散而与组织失去了联系，"我就像一只掉了队的孤雁，非常痛苦。"结合自己的经历，他教育孙子说："你们青少年注意培养自己的集体主义观念，要时时刻刻想大家之所想，做大家之所做，忧大家之所忧，乐大家之所乐。决不能只顾个人而忘了大家，那样发展下去，就会脱离群众。"

孙子听了爷爷的话，很受教育，连晚饭也没顾上吃，迅速地赶到学校，同班里同学一起去了天安门广场。

平时，谢觉哉同志对孩子们的学习抓得很紧，他教育孩子要多读书，也要爱护图书，养成良好的学习习惯。他家里书很多，一排排的书架上，古今中外、天文地理，各种书籍可以说是应有尽有。孩子们看书，常常是只凭一时兴趣，想看什么就拿起来看，不想看了，就随手丢在一边；有时看到书中有趣的插图，不是撕下来，就是涂上颜色。为了使孩子们从中养成爱护书籍的习惯，谢觉哉给孩子们写了一封公开信，信中写道：

"爱护书籍、图画、报刊，是一件很重要的事。对书籍、报刊等，损坏、乱丢、散失，是一种很不好的习惯，你们必须注意。

"大的孩子要教导小的孩子，见有不爱护书报的事，就要互相批评，帮助改正。

"教科书、作业本、课外看的书，必须好好收拾，不要丢失，不要弄坏，不可进了中学就丢了小学的，进了高年级就丢了低年级的。

"我书架上的书籍、图画、报刊，希望你们能看，但也希望你们爱护。

"在延安，我对书报是注意的。几年的《新中华报》、《解放日报》没有失掉一张（退出延安时埋在真武庙，被胡匪挖出毁了）。在北京，我没功夫亲自管了，这个工作，现在需要你们做。望你们注意并学会做!"

公开信中，谢觉哉还讲了一些古人爱书的故事。这封信打印了许多份，贴在各个书柜的玻璃上。当孩子们去拿书时，就会提醒他们：要好好爱护书，书是知识的宝库，是人们的良师益友!

后来，孩子们把自己的书也收集起来，办了个图书馆。谢觉哉见了，高兴地呵呵笑了起来。

针对孩子们学习中的毛病，谢觉哉还给他们制定了一份学好功课的条约：

"替你们立个条约：

一、看东西一定要看懂，遇到难的字或句子，即'拦路虎'，一定要啃掉。

二、写信写文章，写完了要看几次，句子不好的要改，不惜改一次以至几次，字写得不好或不清楚的重写，绝对不许躲懒。

限你们几个月或者半年，一定要做到词句能顺，字迹清楚。"

在谢觉哉同志的严格要求和严格训练下，孩子们的学习都很好，也养成了良好的学习习惯。

孩子们一个个长大了，有的到外地去上学；谢觉哉有时到外地出差，离开了在家的孩子们。这样，他不常和孩子们在一起。但他总是惦记着孩子们的成长，于是，常常通书信对他们进行革命传统教育。

1960 年 9 月 26 日，他在给当时在东北上学的儿子飘飘的信中说：

"你们现在是锻炼：锻炼身体，锻炼思想，锻炼学业。我们用锻炼这个形容词，好像矿石炼成铁，炼成钢；优质钢、合金钢等，是要经过烈火烧，锤子打的。这当然也可以说是苦，但接着来的是学到了本领，是甜，高度的无限的甜。

"不论物质上或精神上的苦与甜，是对立的又是统一的。俗话说：'苦尽甜来'……任何事情都有困难，现在有将来也有，孩子不能有苟且偷安、安居中下游的思想，要常找难的事情做，以锻炼自己。

"人们常说二万五千里长征是苦事，我是参加长征的，现在记忆中感到的倒不是苦而是甜。和苦斗争，本身就是件甜事。如果当时都感到苦难受，那就都会学你信上那个开小差的家伙，哪还有今天的革命事业？"

1961 年 2 月 28 日，他在给定定、飘飘、飞飞等孩子的信中，要求他们多参加劳动，帮妈妈做事，叮嘱他们说：

"不要等人叫你做才做，而是人不要你做也争着做。这样做才有趣味，才能学到知识。我几岁的时候，见到你祖母做饭、切菜、炒菜、洗衣，总要去动手，有时你祖母要我走开，我还是站在旁边，等到她一歇手，我又动手了。我知一点做饭菜的知识是那时学会的。洗衣只知踩，不会搓，那时候没有肥皂，洗衣是相当费力的。十几岁的时候，我帮助你祖父写帐、算数、'数钱'（那时用穿眼钱，要一个一个数）等等。我的珠算是那时学的，打珠算可以眼睛不看也不会大错。我没做庄稼活，但也知道一点，是小时候跟农民在一起学的。

"你们可以替妈妈做些事。有些要问问妈妈，指示你们怎样做才去做，有些不要问就自动去做，如打扫房屋、洗衣服、帮助做饭菜，春天到了，还要种菜等。做些针线活——尤其是女孩子。还有，大孩子照顾小孩子，替小的孩子收拾衣服、书籍、洗衣等。还有收拾书报等，我曾经写过一张字条贴在柜子上，不知你们还记得不？这样，你妈妈不就会不太累了吗？对你们自己也有好处。

"定定、飘飘、桂芳、飞飞，都想争取入党，使我听了高兴。入党不止是组织上批准你入党，而是要你自己思想、行动像个具有共产主义品质的人，你们已经读过不少关于共产党典型事迹的书籍或戏剧，你们可以自己检查一下，如果有只顾自己不顾别人，不无私地帮助人、团结人，学习、劳动、工作上有缺点，不能艰苦朴素……就要下决心改正，因为这是和共产党员不相容的。望你们依照你们自己定的志愿好好去做。"

1961年9月11日，谢觉哉同志在给飘飘的信中说："你们大学生主要是学专业，只有专深，才能红透。不专，只能是个粉红色干部，纵不至于'败事有余'，也很难免于成事不足。"

1962年9月27日，谢觉哉同志又在给飘飘的信中谆谆教导说：

"你立志读书并有计划地读书，能动脑子想问题，都是值得称许的。但'骄傲'的帽子，一定戴不得。要牢记毛主席'虚心使人进步，骄傲使人落后'的话。

"切不可以认为自己正确就可以骄傲或者人家说我骄傲也不要紧。要知道正确不正确，在没有经过实践证明以前，谁也不能作最后的结论。就是你的见地比别人高明一点，但总还有不足之处，应该向别人请教——对高于自己的人请教，也要对不如自己的人请教。这叫做'集思广益'。即令自己真的是对，那你就要说服人，说服人要'和风细雨'，要表示谦虚，否则人家是不会信你的。

"你可能那一点上比别人强，在另一点又比别人弱。弱要谦虚，强也要谦虚。要注意你的态度，可能言语生硬，样子难看，于是，结果不是使人家对你信服，而是说你骄傲。

"你必须克服这一弱点！"

儿子飘飘从小和爸爸妈妈生活在一起，去外地上学是第一次远离亲人。他希望爸爸妈妈经常给他去信，他也最愿意听爸爸妈妈的指教，特别是有时候一些问题不能及时得到解决，就更加思念爸爸妈妈。他向爸爸曾经谈过这样的想法："我想爸爸还是尽可能给我们多讲些，我感到父母的话，孩子是最能接受的。别人的话虽对，自己接受起来却不那么服气。"

谢觉哉理解儿子的心情，同时也觉得儿子的思想情绪上有一些不大正确的东西。于是，告诫他说：

　　"父母的话，你们易于接受，这是自然的；听从父母正确的教导，也是应该的。但是子女不可能一直守在父母身边，更何况我的身体一天不如一天，今后不可能对你们多讠f，连较长的信也不会多写。所以你们不能光听父母的话，而应多听周围同志们的话。你说别人的话虽对，接受起来却不那么服气，这是很错误的。孔子说：'三人行，必有我师焉。'毛主席也说：'放下臭架子，甘当小学生。'联系你的实际，你自然应该把周围的老师、同学作为自己学习的良师益友，择善而从，有一学一，有二学二，如此下去，必须不断地丰富和提高自己。"

　　飘飘照爸爸的教导去做，虚心而诚恳地向老师和同学们学习、求教，进步很快。爸爸知道后，特别高兴，又热情鼓励儿子说："'君子学以至

道’，看来你已经走上了正道，但还需继续努力。学好学差，收益多寡，在于自己是否善于学。父母、师友能教授的东西很多，但你不善于学，也是枉然。”

在谢觉哉同志的教导下，几个孩子思想、学习都不错。1965 年 9 月 20 日，他为儿女们写诗一首《与儿女等谈红色接班人》，以勉励他们：

> 学文学武学贸易，接班今日有吾儿。
>
> 潜心马列分真伪，觌面工农尽有师。
>
> 后乐先忧宜立志，大关小故要深知。
>
> 乃翁八十衰颜甚，红色神州处处旗。

1971 年谢觉哉同志病逝前几个月，当他得知小儿子亚旭放弃上军医大学的机会，主动要求到远离北京的一个偏僻的小山沟里去当兵时，非常高兴。他鼓励儿子说：“到艰苦的地方当兵好。一个青年人如果光想到自己过安逸舒适的生活，没有革命的理想和目标，就会浪费自己的青春。”

他还一再嘱咐夫人王定国说：“青年人志在四方，父母要支持儿女去实现革命理想，应该让儿女们到最艰苦的地方去锻炼！”

不要脱离群众

林伯渠（公元 1886 年～公元 1960 年）是中国无产阶级革命家。湖南临澧人。早年参加同盟会，1921 年加入中国共产党。在帮助孙中山确定"联俄、联共、扶助农工"的三大政策和改组国民党的工作中，起了积极作用。第一次国内革命战争时期，在国民革命军第六军主持政治工作。1927 年参加"八一"南昌起义，后去苏联学习。1932 年回国，到中央革命根据地工作，参加了二万五千里长征，1937 年任陕甘宁边区政府主席。新中国成立后，任中央人民政府秘书长。1954 年当选为全国人民代表大会常务委员会副委员长。1960 年 5 月 29 日在北京病逝。

林伯渠同志不仅一生忠心耿耿不辞劳苦地为党为人民工作，而且在培养教育孩子方面也像辛勤的园丁一样。

在延安时，林伯渠的孩子，有的在前线，有的住校学习，只有小儿子林用三在身边。提起小儿子的这个名字，还有一段故事哩。

1945 年，林伯渠的小儿子 6 岁。这年秋天，爸爸要他去上学。小儿子听说要和小朋友一起去上学，高兴极了。爸爸送给他一个小小的布书包，几支铅笔，几个小本子，再三叮咛小儿子说："要听老师的话，好好学习，你长大了，该懂事了。今天让叔叔送你去，以后你就要自己走。"

林伯渠沉思了一会儿，对儿子说："你上学了，得给你起个学名，就叫'用三'吧！用三就是三用：用脑想问题，用手造机器，用脚踏实地。"

就这样，林伯渠给儿子起了这样一个表达期望的名字。

那时候，延安常常演秧歌戏，每逢演出，总是特别热闹。一天，用三放学后，正巧赶上演出，看戏的人好多好多，用三人小个子矮，怎么挤也挤不进去，只好在大人们的屁股后头转来转去。有几个认得他的叔叔，便扒开人墙，把他塞到了前边。不料，这件事很快被林伯渠同志知道了。散戏后，他叫警卫员把小儿子找来，生气地问："你凭什么把别人挤开，自己坐到前排去看戏？我不是给你说过多次，绝不允许有丝毫的特殊！你怎么到时候就忘了呢？"

用三觉察到自己不对，就低下头默不做声。林伯渠缓和了一下口气说："以后可不准再犯。"

后来，为了使小儿子得到锻炼，林伯渠便把他转到能住校的抗日小学去读书了。他嘱咐小儿子说："你去住校吧，过集体生活，学学自己料理生活，这样对你有好处。"

1946年，由于备战的需要，林伯渠又把用三转到百里以外的延安保小。这一年，胡宗南进犯延安，中央机关开始了战略转移。林伯渠同志为了使小儿子得到锻炼，就叮嘱他说："胡宗南就要进攻延安了，你就跟着学校转移，我的事很多，照顾不了你，有老师带领和照顾你们，我是很放心的。你要听老师和大哥哥大姐姐们的话，希望你成为转移中的行军模范。"

7岁的用三没有辜负爸爸的期望，努力按照爸爸的要求去做，由延安到太行山，用双脚走完了两千多里路。行军中，他自觉严格要求自己，吃苦耐劳，参加了儿童团，还被评为模范。

1949年，用三随学校进了北京。电灯、电车、自来水……这一切使孩子们都感到新鲜。有一次，孩子们用去污粉洗衣服，怎么也洗不干净，一个个莫明其妙，不知是怎么回事。林伯渠看到了，感到孩子们刚接触一些不熟悉的事物，应借机会启发孩子们学习知识的积极性。他和蔼地告诉孩子们说："洗衣服要用肥皂，不能用去污粉。这里面有学问，要明白这个道理，就要好好读书，掌握科学文化知识。"

他注意观察孩子们的兴趣、爱好，及时给予引导和鼓励。他发现小儿子用三参加学校的课外小组，做过潜艇模型、电动机、矿石收音机等，便亲切地对他说："你做的每一件都不错，是个肯钻研的孩子。你虽然不十分聪明，但只要努力，将来还是可以成为一个好的技术人员的。"

林伯渠同志严于律己，也严于要求孩子。进了北京城，生活条件越来越好。但是，他对孩子们一点儿也不娇惯，仍然像在延安时代那样，让孩子们到大食堂吃饭，坐公共汽车上学，住校过集体生活，和工农子弟交朋友。当他发现孩子的不足之处，便及时地进行严肃的批评教育，哪怕是一点儿细小的过错，也决不放过。他认为，做家长的不应该有"树大自然直"的思想，对孩子要疼爱，但更要严格管教。

一天，林伯渠和在一○一中学上初中的小儿子用三谈话。他问小儿子："听说你一直当班主席？""快两年了。"儿子说。"是大家选的，还是老师指定的？""每个学期都选举，大家让我当，我也只好当。"

林伯渠听了，对儿子说："当班主席，是个学习的好机会，能学会做工作。你是个共青团员，首先要自己做好，别人才能赞成你。记得你上小学的时候，当过卫生委员，我就很赞成，因为可以改一改你那用袖子擦鼻涕的坏习惯。做了一些工作，可别吹牛皮。我看你还算一帆风顺，可是，你并不了解社会。初中毕业之后，你就考市里的中学，过过走读生活，去了解了解社会吧。"

一○一中学是一所干部子弟学校。用三听了爸爸的话，初中毕业后，就离开这所学校，到市里走读高中，来到市民、工人子弟中间。开始，他和那些同学来往很少。一次，团的生活会上，有同学给林用三提意见，说班里同学对他是"敬而远之"。用三听了，嘴里没说什么，心里很不高兴。他回家后把同学的意见告诉了爸爸。爸爸很赞成同学们的意见，提醒儿子说："这意见提得好，很中肯，说明你还没有和同学们打成一片。"儿子觉得有点儿委屈，争辩说："他们不和我接近，我干嘛要和他们接近呢？"林伯渠看儿子这样不虚心，用责备的口气说："我看你越来越变了。你小时候，对老百姓的苦生活还有同情心，现在为什么就不同情了呢？他们能有你这样的条件吗？你有的是时间，为什么不到你那些同学家里去看看呢？"

听了爸爸的严肃批评，用三知道是自己错了。从此后，他经常到同

学家里去。相比之下，他感到自己的生活条件要比他们好得多。每次他要去同学家的时候，耳边便响起爸爸亲切而严肃的声音："我看你还是只爱和干部子弟交朋友，不乐意和老百姓的孩子交朋友，他们当然不喜欢你。这就是脱离群众。你应该主动和他们交朋友，应该向他们好的地方学习。"

爸爸的话真是切中要害啊！用三对自己身上的缺点，认识越来越深刻。

1959 年，林用三高中毕业要考大学了。他把自己想考航空学院的志愿告诉了爸爸。爸爸很同意，并鼓励他说："应该有个志向，也应该有胆量。中国革命进行了那么多年，才取得胜利。要建设好这样的国家，也绝不是一件容易的事。我希望你能学到一些真正的本领，脚踏实地地做些工作，为国家建设出力。"

1960 年，林伯渠不幸被病魔夺去了生命。孩子们忍着悲痛，含泪站在爸爸的遗像前，默默地向爸爸宣誓："一定要化悲痛为力量，为祖国的繁荣昌盛，贡献一切力量！"

要和工农子弟打成一片

罗荣桓（公元 1902 年～公元 1963 年）是中国无产阶级革命家，中国人民解放军杰出的领导人。湖南衡山人。1927 年加入中国共产主义青年团，随即加入中国共产党。新中国成立后，历任中央人民政府最高人民检察署检察长、中国人民解放军总政治部主任、国防委员会副主席、中共中央政治局委员等职。他对党对人民无限忠诚，为中国人民的解放事业、特别是为中国人民解放军的政治工作做出了重大贡献。1963 年 12 月 16 日在北京病逝。

1938 年冬，在率领部队东进山东的路上，罗荣桓同志的第一个儿子出生了，孩子取名叫罗东进。到了山东，他和夫人林月琴同志商量好，把儿子寄养在老乡家里。直到东进 5 岁，才回到父母身边。罗荣桓夫妇虽然特别喜欢儿子，但并不娇惯溺爱。

有一次，罗东进拾到一个防毒面具，套在小脑袋上，又蹦又跳地跑到街上去了。他对着老乡的孩子，学着日本鬼子说话的腔调："巴格雅鲁！大大的有！"一个老乡的孩子，看见东进这种怪里怪气的打扮，听他哇啦哇啦地吼叫，就吓得呜呜地哭了起来。罗荣桓同志正好路过，他先哄那个孩子不要哭，然后抱着东进回到住房，教训他说："东进！你太淘气了！你到老乡家里的时候，还不会走路，是老乡用高粱饼和地瓜把你喂大的。老乡待你就像亲生的骨肉，你刚从老乡家里回来，就忘本了！你这样对得起乡亲们吗？你懂不懂什么叫群众纪律呀？"

小东进站在爸爸面前，看爸爸那样严肃，知道自己做了错事，想哭又不敢哭，只得耷拉着脑袋不吱声。看孩子已经知道错了，罗荣桓对东进说："到屋里好好想一想，看以后应该怎样对待老乡的小孩！"

这件事，给东进留下了深刻的印象。20年后，他回忆说："当时爸爸教训了我，又要我去反省，是要我牢牢记住这次错误啊！通过那次批评，我懂得一条根本的道理：在任何时候都要爱护人民，不要忘本！"

建国以后，罗荣桓同志又添了两个女儿：巧丽和腊娜。尽管他工作很忙，可对儿女们的教育，丝毫也不放松。他认为，干部子弟生活条件比较好，必须在各方面严格要求自己，不然的话，自以为高人一等，既骄又娇，将来怎样为人民服务呢？他经常告诫孩子们说："革命干部的子女，千万不要有优越感，才不会脱离群众。你们一定要平等待人，和工农子弟打成一片。特别对那些家庭有困难的孩子，更要和他们接近，多帮助他们。吃饭穿衣要首先想到他们。在日常生活中，养成共产主义的精神。"

孩子们上学以后，寄宿在学校里，每星期六回家一次。孩子们上学或放学回家，都是自己乘公共汽车。有一次，孩子没搭上公共汽车，就走路回到家里。罗荣桓见孩子满头大汗，气喘吁吁，衣服和鞋子全是尘土，问明了原因，高兴地夸奖他说："好，好，你们做得很好！小孩子应该时刻锻炼自己，不怕吃苦，不怕劳累。"

在生活上，罗荣桓同志要求孩子们艰苦朴素。他们上学时，带的饭常常是窝窝头，穿的衣服是爸爸、妈妈的旧军衣。

罗荣桓同志不仅要求孩子们在生活上不搞特殊，还要求孩子们从小就热爱劳动。1958年，上中学的罗东进，自动报名参加十三陵水库的劳动。爸爸告诉他说："东进，到水库工地要好好干活，不要怕脏、怕累，这是向劳动人民学习，锻炼自己的好机会。"

罗东进在工地上劳动积极，干活努力，受到表扬。罗荣桓勉励他说："这仅仅是开始，往后要经常积极参加劳动。劳动人民的肩膀都磨成死茧了，这是他们的优秀品质，这种品质是出力流汗养成的。要能吃苦耐劳，不要被困难所吓倒，要把自己慢慢炼成一个劳动者。"

罗荣桓很关心孩子们的学习。为了激励孩子们好好学习，他常常给他们讲自己童年求学的艰难经历。他说："我小时候念书，常常为了学费四处奔波，甚至遭到有钱人的白眼。有时一贪玩，老先生还打板子，哪像你们现在这样舒服。你们有饭吃，有书读，没有反动派威胁，能安安静静地读书，长知识。这样的学习机会是来之不易的。因此，一定要珍惜这大好时光，刻苦学习，奋发向上。如果你们现在不好好学习，将来长大了是要挨社会的'板子'的。"

1959年，儿子东进考上军工学院。临行那一天，罗荣桓嘱咐儿子说："东进，你要走了，要过独立生活，爸爸妈妈很为你高兴。你去的是军工学院，生活很紧张，思想上要准备吃苦。要处处靠拢组织，密切联系群众。要加强政治学习，政治是灵魂，是方向。没有共产主义觉悟，就像没有方向的航行，是会误入迷途的。我国的科学技术还很落后，你要长志气，为国家搞出点成就来。"

第一学期结束，东进的学习成绩不大好，罗荣桓严肃地批评他说："国家花那么多钱办学校培养你们，你不好好上学，对得起党和人民吗？"在爸爸的严格要求下，在老师和同学的帮助下，罗东进奋发学习，努力钻研，学业成绩有了很大的进步。

罗荣桓同志最不喜欢夸夸其谈，不切实际地说大话。有一次，上小学五年级的大女儿和一个同学写了一篇学习毛主席著作的心得笔记，题目是：谈《中国社会各阶级的分析》。女儿自以为写得不错，心想，拿去让爸爸看，一定会得到夸奖。谁知爸爸看后，却指出女儿的不足。他说："学习毛主席著作是好事，不过你现在年纪还小，毛主席的书你还有很多地方学不懂，你要好好学习历史，特别是中国近代史、党史、军史。学好历史，再读毛主席的书，就会觉得亲切得多。"

接着，罗荣桓问女儿："你谈谈，你写了这么多笔记，都懂了吗？"然后，又问女儿："我问你，文章里说的'赵公元帅'是谁？"女儿毫不迟疑地回答："是个元帅呀！"罗荣桓忍不住笑了起来。随后，他给女儿做了解释，并一再告诉女儿说："要学好基础课，不要好高骛远。将来要学的东西多着呢，没有好的基础，什么也干不成功！"

有一年放寒假，罗东进遵照爸爸的要求，照例还是买了硬座车票回家。上车以后，他看到一位老大爷没有座位，便主动让座。自己挤到过道边站了一天一夜，劳累和风寒，使东进得了感冒。回家后，罗荣桓得知儿子害病的原因，便夸奖他说："东进，你做得很对啊！能吃苦，这很好。为人民服务，不能光说漂亮话，要扎扎实实，从一点一滴做起。"

1963年2月1日，罗东进接学校通知，回北京看望病重的爸爸。当罗荣桓同志清醒以后，看到儿子站在病床前，便问到："东进，你是到北京来实习的吗？""不是。是回来看望爸爸的。"罗东进说。罗荣桓对儿子说："你不该放下学习，专程回来看我。你是革命干部的子弟，应该注意影响，严格要求自己啊！"

12月14日下午，在罗荣桓去世的前两天，几个孩子都来到他的病床前，看到爸爸的病情严重，都止不住流下眼泪。他断断续续地对两个女儿说："不要难过……你们还小，要听妈妈……哥哥的话，长大了……要长革命志气。"然后，又嘱咐儿子东进说："东进，要好好……带着妹妹，跟着毛主席……干一辈子革命……"

这些话，成了罗荣桓同志临终的遗言。他在弥留之际，仍不忘教育子女。

二请老师

罗瑞卿（公元 1906 年～公元 1978 年）是中国无产阶级革命家，中国人民解放军的杰出领导人。四川南充人。第一次国内革命战争时期参加革命学生运动，1926 年加入中国共产主义青年团，1927 年在黄埔军校武汉分校从事革命活动。1928 年转为中国共产党党员。1929 年被党中央派到革命根据地，参加中国工农红军。

新中国成立后，历任公安部部长、国务院副总理、国防部副部长、中央军委秘书长、中国人民解放军总参谋长、中央军委常委等职。1978 年 8 月 3 日在北京病逝。

罗瑞卿同志生前身兼许多重要职务，工作很忙，但他和夫人郝治平同志都很注意子女在校学习的表现，关心他们的学业如何，品德怎样，都接触些什么人，这些人对孩子会产生什么影响，等等，尽一切可能尽家长的责任。

1964 年，他们的女儿罗朵朵转入北京景山学校初一（2）班已近 1 年了。进初中以后，她根据学校老师的要求，逐步养成了记日记的习惯。父母亲看了朵朵的日记，觉得她日记记得很好。从日记上后映出，她学习是努力的，政治思想比较先进，关心时事和国家大事。对此，父母很高兴。可是，在朵朵的日记里有一个情况引起了他们的注意：她每天日记的最后，总有这样一句话："×老师，一天又过去了，祝你晚安。"这位老师是谁？是什么原因使朵朵对这位老师产生这样深沉的、但又好像不太正常的感情呢？罗瑞卿和郝治平有些不解，觉得应该和学校取得联系，弄清情况。

一天，郝治平同志特地来到景山学校，在学校党支部书记的陪同下，找到了政治处的负责同志。当她看到政治处的负责同志正在和老师谈话，就犹豫了一下，很诚恳、客气地说："看来你们工作很忙，一下也谈不完，我们是不是再找个时间谈？"当政治处的同志表示如果需要，可以去家访时，郝治平同志立即高兴地跨前一步，热情地握住对方的手，恳切地说："那就太劳驾了，我今天就算来请老师吧。"

几天后，学校政治处负责同志按照原来的约定，来到罗瑞卿同志的家。郝治平同志热情接待了她，并且仔细倾听她对朵朵在学校情况的介绍。她告诉郝治平同志，朵朵所在的这个班，从小学三年级开始学俄语，而朵朵从前在别的学校念书，没有学过俄语，因此刚到班上时，俄语学习比较吃力，为了让朵朵和其他转学进来的同学赶上去，俄语老师在这些同学身上花的时间较多。不仅经常为这些同学补课，有时甚至利用朵朵回家的时间，在路上帮她复习，背单词，记语法，直至送她到家门口。由于老师的热情帮助，加上朵朵自己的努力，时过不久，她的俄语程度就跟上了全班的水平。因此，朵朵对这位女老师产生感激敬爱之情，是完全可以理解的。至于每晚都在日记中祝这位老师晚安，这就需要加以引导。因为其他老师也为这批插班同学补习语文、数学等学科，也花费了许多心血，所以，应该教育朵朵让自己的感情和视野放得更宽、更远、更理智一些。

听了学校政治处负责同志的意见，治平同志若有所悟，松了一口气，但又提出一些问题。这位负责同志答应回校后再了解一下，改日再谈。

过了几天，这位政治处负责同志又来到罗瑞卿家。刚刚和郝治平同志谈完上次提出的问题，罗瑞卿同志就从楼上下来了。他握着景山学校老师的手，亲切地说："老师，你们辛苦了。"接着又说："有些事，治平可能和你谈了。我们做家长的，要了解孩子，不能放任不管。朵朵做得不对的，要教育；做对了，想对了的，要支持。她对我们的某种无声的批评，我们也要接受。"

原来，罗瑞卿一家，为了改变一下休息方式，曾经在难得的共同休息日，全家人一起乘汽车去郊游，并且共进野餐。事后，朵朵在日记里写了自己的想法，认为自己不该借父亲的地位得到这种享受。当时，罗瑞卿同志读了女儿的日记，很是赞赏，说："对，她是不应该去。今后，我们也不可以再用公家的车去郊游了。"

罗瑞卿同志很支持学校组织学生到工厂、农村参加一些劳动。他认为："让学生了解工农生活，知道稼穑之艰难，衣着来之不容易，为创业、守业，建设社会主义积累亲身体会是很有好处的。"

罗朵朵曾经随学校到北京朝阳区金盏公社参加劳动，亲眼看到那时北京近郊的农民还不能家家户户装电灯，有时油灯灯火常被饭锅蒸汽给扑灭，农民只好摸黑做晚饭。回家后，每当晚饭时，等全家人走进饭厅，她总要把其他房间的灯和路灯全部关熄了，才去吃饭。罗瑞卿和郝治平都注意到孩子的用心，也自觉、主动地在离开卧室和办公室时随手关灯。

罗瑞卿深有感触地说："孩子们做对了，我们要支持，不要看做这仅仅是为了省点汽油和几度电，而是鼓励孩子们牢记工农的疾苦，扶持他们萌发的政治觉悟。高级干部子弟，大多有不同程度的养尊处优，不知物力维艰的缺点，心里很少有工农劳动群众，这种孩子，以后怎能接革命的班呢？"

讲到这里，罗瑞卿同志谦虚地对景山学校政治处负责同志说："我不懂教育，要多和学校联系，多和老师交换意见，我们共同努力培养好孩子。"

大树底下长不出好草

陶铸（公元 1908 年~公元 1969 年）是我国伟大的无产阶级革命家。湖南祁阳人。1926 年入黄埔军官学校，同年加入中国共产党。新中国成立后，曾任广东省委第一书记、中央政治局常务委员、书记处常务书记、国务院副总理、中宣部部长等职。1969 年 11 月 30 日逝世。

陶铸同志的女儿陶斯亮是独生女。父亲虽然很爱女儿斯亮，但从不娇惯溺爱，要求极其严格。

斯亮和大多数青年人一样，脑子里充满了许许多多美丽的幻想，整天无忧无虑，轻松愉快。在她的眼里，生活的道路是鲜花铺成的，宽广而笔直；个人的前程光辉似锦，无限美好；幸福而光明的一切，似乎都早已安排好了，根本不需要再努力奋斗。对女儿的这种盲目性和不切实际的乐观态度，陶铸同志深感忧虑。他经常从正面诱导她，启发教育她，可女儿怎么也听不进去，只是当耳旁风，满不在乎。每次听得不耐烦了，就说一句："爸，我明白了。"

父亲对女儿这种满不在乎的生活态度很不放心。

1966 年上半年，是陶斯亮在医科大学学习的最后一个学期。四月的一天，她实习结束以后，去看望爸爸。一见到爸爸，斯亮特别高兴，就天南海北、滔滔不绝地闲聊起来，什么电影呀，戏剧呀，文学呀，历史呀……简直是无所不谈。眼看女儿马上就要大学毕业、走上工作岗位了，可说起话来，压根就不谈自己的专业——医学，不谈毕业后的打算。父亲听了，脸色阴沉地说："你东拉西扯谈了这么多，怎么就不谈谈自己的学业呢?"

"紧张了一个学期,还不让轻松轻松?再说,我毕业总考试成绩是95分。"女儿得意洋洋地说。

"考试成绩并不能完全代表你的真才实学,更不能说明你将来能否成为一名称职的医生。你的兴趣太杂了,我担心你将来会一事无成。"

"兴趣广点有什么不好?"

"兴趣广泛,我不完全反对。你如果博古通今,博学多才,我当然很高兴。可是,一个人的精力毕竟有限,你将来是要靠你学过的专业来为人民服务啊!"

"这我早考虑过了,"陶斯亮认真地说,"我就不想搞临床,吃力不讨好,没什么意思。我倒是很想搞病理生理,可又怕搞不出什么名堂,没有发展前途。不过,我打算先试着干干再说,不行再改行搞别的。"

听了女儿的话,父亲很不满,严肃地说:"干事情都像你这样三心二意,朝三暮四,没有恒心,缺乏毅力,怕吃苦,肯定一事无成。我看你呀,不会有什么大出息!"

"您怎么知道我将来没出息?别说得这么绝对。就是没出息又怎么样?中国有几亿人,难道个个都得有出息不成?"斯亮觉着爸爸的话刺伤了她的自尊心,委屈地嚷起来。

陶铸见女儿这样不接受批评,很是生气。他感到女儿有一种爱面子、爱虚荣的错误思想,必须尖锐地及早给她指出来,使她猛醒。于是,他声色俱厉地喝道:"简直是强词夺理!一个人怎么能这样不虚心!"

斯亮觉得爸爸太不近人情了,她忍受不住,于是便拿出女孩子最拿手的一招儿——哭!她哭呀,哭呀,哭得很伤心。她以为父亲要来哄她,可一直哭到夜里十二点,她哭够了,父亲并没有理她。

父亲房间的灯还亮着。她悄悄从锁孔往里看,父亲正在看文件。父亲近来常尿血,医生怀疑他患了"膀胱癌",可他还是抱病在坚持工作,女儿的心碎了。她想起自己上大学的前夕,父亲曾对她说:"亮亮,我们是相依为命的父女。我很爱你,但我对你没有任何个人的要求,只希望你能成为一个对人民有所作为的人,成为一个有高尚情操的人。我相信你不会辜负爸爸对你的期望。"如今，自己要大学毕业了，怎么能说出这样的话来，难怪父亲生气啊！她后悔至极，终于推开父亲的房门，诚恳地说："爸爸，是我错了。"

"嗯，知道错就好。"父亲放下手上的文件，说："亮亮，过来，坐到我旁边来。"

女儿惴惴不安地坐在父亲的身边，低着头一声不吭。

"亮亮，我这样苦口婆心劝告你，这样严厉地批评你，甚至发脾气，难道仅仅是为了我陶铸吗？不是的，我生前不需要你赡养，死后也不需要你抱灵牌。我有组织，有党。我干一辈子革命，没有任何要求，只希望死后人们在我墓前立个'共产党员陶铸之墓'8个字的牌子。我之所以希望你能当一名好医生，没有个人目的，只是考虑到国家和人民需要人才。你既然立志做个革命者，就应该做好本职工作，否则，干革命还不是一句空话！眼看你要毕业了，可对今后的工作还没有充分的思想准备。亮亮啊，父母是靠不住的，最后还是要靠自己，大树底下长不出好草，无论哪个阶级的后代，靠祖荫安身立命是毫无出息的，你要懂得这个道理啊！"

亮亮听了父亲的深切教诲，抹干了眼泪，说："爸爸，女儿决不辜负你的希望，一定立志做个有出息的人！"